Martina Clavadetscher

Vor aller Augen

Zu diesem Buch

Das Mädchen mit dem Perlenohrgehänge, die Dame mit dem Hermelin, Frauen auf weltberühmten Gemälden von Leonardo da Vinci, Vermeer, Rembrandt, Courbet, Schiele, Munch. Wir sehen ihre Körper, ihre Blicke, ihre Kleidung, gebannt oder verbannt in einen ewigen Augenblick. Doch wer waren sie außerhalb dieses Moments? Martina Clavadetscher ist den Hinweisen ihrer Leben nachgegangen, lässt die Frauen erzählen und gibt ihnen so eine Stimme zurück.

»Ohne diese Frauen, gäbe es kein Staunen, kein Schauen – mehr noch, ohne diese Frauen wäre die Kunstgeschichte, so wie wir sie heute kennen, undenkbar. Diese Frauen waren immer auch Mitarbeiterinnen, Künstlerinnen, Unterstützerinnen, Auslöser, ein Spiegel der Zeit, Ikonen, Inspiration, Partnerinnen, Retterinnen.« Martina Clavadetscher

»Martina Clavadetscher ist eine durch und durch souveräne Erzählerin. Nach der Lektüre weitet sich der Blick auf die porträtierten Frauen radikal: von reinen Objekten zu eindringlichen und kritischen Stimmen ihrer jeweiligen Zeit.« *Kulturtipp*

»Clavadetscher begegnet den Figuren und ihrer Geschichte mit großem Respekt, führt mit erzählerischer Kraft die groben und die feinen Mechanismen der Misogynie vor Augen und stellt ihnen ebenso eindrucksvoll die unterschiedlichsten Formen der Rebellion entgegen.« *Republik*

Die Autorin

Martina Clavadetscher, geboren 1979, ist Schriftstellerin und Dramatikerin. Nach ihrem Studium der Deutschen Literatur, Linguistik und Philosophie arbeitete sie für diverse deutschsprachige Theater, gewann den Essener Autorenpreis und war für den Heidelberger Stückemarkt nominiert. Für ihren Roman *Die Erfindung des Ungehorsams* erhielt sie 2021 den Schweizer Buchpreis. Sie lebt in der Schweiz.

Im Unionsverlag ist außerdem lieferbar: *Die Erfindung des Ungehorsams*

Mehr über die Autorin und ihr Werk auf *www.unionsverlag.com*

Martina Clavadetscher

Vor aller Augen

Unionsverlag

Die Publikation dieses Werks wurde von der Kulturförderung
Kanton Schwyz unterstützt.

Im Internet
Aktuelle Informationen, Dokumente und Materialien
zu Martina Clavadetscher und diesem Buch
www.unionsverlag.com

Unionsverlag Taschenbuch 1000
© by Martina Clavadetscher 2022
© by Unionsverlag 2024
Neptunstrasse 20, CH-8032 Zürich
Telefon +41 44 283 20 00
mail@unionsverlag.ch
Alle Rechte vorbehalten
Der Verlag behält sich das Recht des Text- und Data-Minings an diesem
Werk vor, was hiermit Dritten ohne Zustimmung des Verlags untersagt ist.
Die erste Ausgabe dieses Werks im Unionsverlag erschien 2022.
Reihengestaltung: Heinz Unternährer
Umschlagmotiv: Eugène Delacroix, *Jeune orpheline au cimetière*
(wikimedia commons)
Umschlaggestaltung und Satz: Sven Schrape
Lektorat: Susanne Gretter
Druck und Bindung: CPI – Clausen & Bosse, Leck
www.unionsverlag.com/produktsicherheit
ISBN 978-3-293-21000-4
2. Auflage, April 2025

Der Unionsverlag wird vom Bundesamt für Kultur mit einem
Verlagsförderungs-Strukturbeitrag für die Jahre 2021–2025 unterstützt.

Auch als E-Book erhältlich

INHALT

Ein, zwei Geschenke — 9

Heimliche Liebe ist heilig — 18

Gewitterwolken — 31

Ich bin es nicht — 44

Ich! — 53

Ich bin die Revolution — 71

Nicht der Tod — 85

Weitersuchen — 95

Schamlos in Weiß — 114

Ewig wir — 123

Quelle — 130

Das Feuer suchen — 144

Aita! / Nein! — 155

Wie die Tiere — 165

Düsternis — 170

Auf dem Rücken — 190

Was ich will — 200

Halt meine Hand — 210

Nicht meine Rolle — 219

Nachwort — 229

Dank — 233

Nachweise — 234

There is fiction in this space between
You and everybody.
***TELLING STORIES* – TRACY CHAPMAN**

Leonardo da Vinci, *Dame mit Hermelin,*
1489/90

CECILIA GALLERANI

Ein, zwei Geschenke

Basta! Es wurde genug geschaut!
Manchmal möchte ich es am liebsten in den gedimmten Saal, über das Parkett und direkt in ihre jungen Gesichter schreien:
    Es ist sowieso zu spät, um mich lebendig zu sehen!
Auch wenn sie sich bei ihren Empfängen und Führungen gerne recht geben, wie wahr es doch sei, ja, wirklich:
    Diese Frau reicht tatsächlich aus, um zu verstehen, was Natur ist, was Kunst ist.
Ein schöner Satz.
Leider nicht von mir. Ein anderer Poet, ein Mann, sagte ihn, unser Hofdichter Bernardo Bellincioni, der damals in Mailand gerne mit seinen überzuckerten Versen um sich warf. Aber Bernardo hatte gut reden.
Er musste ja nicht ewig zuhören, so wie ich mir hier bis heute das ganze Geflüster antun muss,
er wurde gehört, er wird sogar noch gelesen.
Doch bei mir steht nur noch das Äußere zur Debatte.
Ich muss meine Poesie über mein Aussehen in die Welt schmuggeln.

Meine geschriebenen Worte hat niemand aufbewahrt.
Die vielen Werke, alle meine schönen Gedanken.
Die Verse verbrannten wohl irgendwo
in einem Feuer am Flussufer in Cremona,
verpufften in den Wolken über der Lombardei
und regneten vor Genua ins Mittelmeer.
Was für eine Verschwendung!
Cecilia Galleranis Worte wurden hinter diesen Farben
zum Schweigen gebracht.
Und selbst dieses stille Äußere will nicht richtig halten.

Ich habe an Kolorit verloren.
Meine Umgebung wurde retuschiert,
übermalt mit Schwarz,
als hätte die Finsternis der vergangenen Zeiten auf mein
Umfeld abgefärbt.
Es hieß, ich wurde nachgebessert.
Als hätte ich Nachbesserung nötig,
als hätte ich überhaupt eine Verbesserung nötig,
aber die Besserwisser in Polen verdunkelten meine
Korallenkette mit winzigen Schatten, schwächten die
feinen Verzierungen des Kleides mit plumpen Strichen.
Die Wangen wurden rosa gepudert,
das weiche Sfumato weggepinselt,
Nase, Augenbrauen, Haare nachgezogen –
und als Höhepunkt haben sie mich sogar falsch benannt:
La Belle Ferronière, eine Frechheit!
Ich wünschte, ich könnte sie alle taub schreien in diesem hoch bewachten Raum:
> Das ist die falsche Geliebte eines ganz anderen
> Liebhabers!

Aber wie ein bedrohliches Schwert schwebt dieser
fremde Name nun über meinem Hinterkopf, ein Hohn
kreist über Galleranis Haupt – es ist zum Wegrennen!
Doch selbst den blaugrünen Schlupfwinkel in meinem Rücken haben sie mir vor vierhundert Jahren
genommen.
Die Pfuscher haben jeden Fluchtweg
mit einer dicken Wand aus Schwarz versperrt.
Aus dem Rahmen zu fallen, bleibt sowieso ein Traum.
Also sitze ich hier, verharre in der Geschichte
zwischen Schichten aus Öl und Tempera,
erdenke mir stattdessen Gedankengänge,
lege mir Gedichte und Sätze zurecht,
wie ich sie mir auch zu Lebzeiten,
als angesehene Poetin in Mailand,
zurechtgelegt habe.
Wort um Wort spaziere ich
durch philosophische Leitsätze,
Thesen, Theorien, Zeilen,
die zum Teilen mit den Gelehrten
auf meiner Zunge bereitliegen,
jahrhundertelang schon warten,
doch unausgesprochen vertrocknen.

Das kluge Raunen und Rauschen am Mailänder Hof
ist längst verstummt.
Seither muss ich stillhalten.
Als wären die Sitzungen bei Leonardo nicht bereits der
Inbegriff der Langeweile gewesen.
Ein stundenlanges Verharren war es,
das Ludovic da in Auftrag gegeben hatte.

Aber *Il moro* wusste eben, wie er seine Auserwählten haben wollte:
Die Geliebte sollte warten und schweigen.
Also wartete ich und schwieg. Und wurde dafür belohnt. Dieser bärtige Maler war ein durchaus gescheiter Kopf, obwohl er in seinem Notizbuch nur Kriegsmaschinen zeichnete und ansonsten vor allem die riesige bronzene Reiterstatue von Francesco Sforza im Sinn hatte, die er dann doch nie umsetzte, und zwischen diesen großen Männerträumen sollte er klein und fein noch mich erfassen. Und ich sollte den Blick wie befohlen abwenden.

> Cecilia, Teuerste, schauen Sie zum Unsichtbaren,
> zum Dritten, zum Geheimnis,

nuschelte Leonardo mir entgegen und ergänzte, jeder und jede sehe doch sowieso, dass ich weitaus mehr wisse, von Anfang an mehr wusste, als die meisten da draußen wussten.
Es stimmte.
Ich weiß auch jetzt noch wesentlich mehr, als die Besserwisser heute herleiten und analysieren,
was sie in ihren Seminaren und Tagungen verhandeln.
Ich weiß haargenau, wie es dazu kam, dass ich hier posierend sitze.
Ich weiß, wie es dazu kam, dass zu jenem Zeitpunkt in meinem Bauch bereits die Mutterbänder zogen,
weiß, dass sie eine innere Ahnung zur Gewissheit dehnten.
Das erste Geschenk des Fürsten Ludovico Sforza wuchs im Verborgenen.
Mein Kleid über dem Fleisch
verbarg das Keimende doppelt,

und der Arm schirmte dieses Doppelte
nochmals schirmend ab,
während das weiße Tier uns mehrfach schützte,
als lebendiges Kissen und als Schutzpatron zugleich,
mich und mein inneres Glück,
genannt Frucht, genannt Kind, genannt Cesare,
dieser verletzliche Wurm, *Il moros* Kind, ein Junge,
der wie das Hermelin plötzlich
auf der Bildfläche,
unter der Bildfläche
erschien
und einem Wachstumsprozess folgte.
Wie fremdbestimmte Schöpfungen
entstanden Bild und Leben gleichermaßen,
alles war ungeboren zuerst, unfertig,
mit leeren Armen saß ich da,
bis das Leben erschien, eingehaucht,
dem Hermelin, Cesare, mir,
im Sommerfell zuerst, danach im Winterpelz,
dicker, weißer, alles wurde sichtbarer,
und so wuchs das Bild wie das Leben in mir.
Doch das Gemälde lebte sich aus meiner Zeit heraus.
Obwohl es in seiner obersten Schicht
verharrte und verhärtete,
diese letzte Farbschicht,
die seither kunstvoll verdeckt,
was darunterliegt.
     Vorbei und vergessen,
würde man denken oder hoffen,
aber in letzter Zeit blicken die Schauenden
immer öfters unter die Farbdecke.

Gieren gnadenlos nach meinem viel jüngeren Ich,
glotzen unter die sichtbaren Schichten,
verlangen eine Entblößung sondergleichen.
Aber diese Schicht der Geschichte gehört mir allein!
Die Zeit hat sie mir geschenkt.
Genau wie das Gemälde mir gehört.
Der Fürst, mein Ludovico, hat es mir überlassen,
das zweite Geschenk des Fürsten,
das zweitwichtigste, das ich mit mir nahm,
als die Berater mich bestimmt vom Hof wegbaten,
eine Bitte, die natürlich ein Befehl war,
als sie mich in den Palazzo Carmagnola verfrachteten,
als sie mich schließlich sogar aus Mailand wegforderten.
Eine Forderung, die natürlich von Beatrice kam,
der neuen Frau des Fürsten, die offizielle, versteht sich,
die nach der Hochzeit das Sagen haben wollte,
und deswegen hartnäckig und deutlich sagte,
ich solle mich gefälligst noch weiter entfernen.
Also packte ich meine Sachen,
nahm Ludovics erstes Geschenk,
nahm sein zweites Geschenk,
nahm mein Baby und nahm mein Bild,
nahm Cesare, nahm das Hermelin,
nahm mich selbst, Cecilia Gallerani,
die Poetin und Philosophin,
und all meine Schätze mit nach Cremona,
wo ich alle überlebte, bis ich starb.

Doch keine Reise ist je ganz zu Ende.
Nicht solange die Nachkommenden deinem Weg nachgehen wollen.

Ganze Generationen von Neugierigen wollten uns nicht
in Ruhe lassen.
Sie folgten und fanden und hielten uns wie die Tiere.
Die Ortschaften sind eine Liste der Erschöpfung.
Wir flohen vor der Novemberrevolution
in einer Kiste von Puławy nach Paris ins Hôtel Lambert,
wurden von dort nach Krakau expediert,
später nach Berlin verschleppt,
dann zurück nach Krakau,
und nach einem kurzen Aufenthalt in Bayern
landeten wir schließlich wieder in Krakau,
und als wäre das nicht genug,
reisten wir einmal sogar nach Übersee.
Sie stellten uns in Paläste,
hängten uns in Höfe, Keller und Villen,
wir wohnten in Landhäusern, in Museen und Kabinen
und überstanden selbst die größte Finsternis in Europa.
Und schließlich kamen die Experten,
denen es nicht reichte, einzusehen, was wir gerade sind,
sondern immer auch sehen wollten, was wir einst waren.
Das Oberflächliche genügte ihnen nie:
Die Frau, das Hermelin, das Ungeborene,
alles durchbohrten sie mit ihren Blicken,
ungefragt, gnadenlos legten sie
unseren Kern mit ihren Augen offen.
Seither durchschauen sie meine beiden Geschenke
mit ihren Lichtern, Wellen, Kameras,
machen Bilder und nehmen Proben,
blenden mit Strahlen und blicken hinein
in jede Faser meines Selbst.
      Basta! Es wurde genug geschaut!,

würde ich mich gerne wehren und laut protestieren,
wenn sie mit ihren Laborgeräten und Stoffhandschuhen
meine Würde zersetzen,
wenn sie mein gesetztes Dasein
aufs Neue aufreißen.
     Basta!,
möchte ich den Suchenden entgegenrufen.
     Ich bin Cecilia Gallerani, die Poetin, die Denkerin!
     Keine Fundgrube und keine Grabungsstätte!
Ja, die Dichterin in mir schreit auf.
Verzweifelt über jene Gier,
mich neu erfinden zu wollen,
ist ohnmächtig über den Wahn,
ihn ständig beziffern zu wollen,
den steigenden Wert meines Geheimnisses,
das den Wert des Werks aus-
und mich zur Ware macht.
Aber jede Geschichte lebt nur in der Gegenwart.
Alles, was wirklich war, bleibt unser Geheimnis,
bleibt geschützt durch Pfote und Hand,
bleibt außerhalb des Sichtfeldes,
lebt und lauert in einer Andeutung nur,
in der sanften Blickrichtung unserer Gesichter.

Sucht, solange und so tief ihr wollt,
nur die zwei Tierchen und ich wissen,
was wir damals hatten –
am Leben und an der kurzen Vereinbarung mit
Ludovico.
Wir wissen, wie schwer das Geschenk wiegt,
geboren zu sein,

und wie viel schwerer das Geschenk lastet,
verewigt zu sein.
Festgehalten in einem kurzen Moment,
der ins Lange wuchs.
Unvergleichbarkeit vergoldet jede Zeit.
Sie veredelt alles.
Seine zwei Geschenke blieben mir:
Das Lebendige weniger lang –
wie alles Menschliche,
das oft weniger lang sein kann, als es in Wahrheit sein möchte.
Das auf Holz Gemalte dafür umso länger –
wie alle Meisterwerke;
wenn sie das Glück haben, von einem Mann geschaffen
und von anderen Männern über die Zeit gerettet worden
zu sein.
Auch wenn es zu spät ist, um mich lebendig zu sehen
und meine Worte zu lesen.
Das hier muss ausreichen, um zu verstehen,
was Natur ist, was Kunst ist.
Ein Geschenk eben.

MARGHERITA LUTI

Heimliche Liebe ist heilig

Lügen sind wie der norditalienische Nebel im November. Er verschleiert unsere Aussicht für eine gewisse Zeit, aber irgendwann löst er sich auf, und die Wahrheit dringt ans Tageslicht.
Das kann dauern, je nachdem, wie dick die verbergende Schicht ist. Doch die Zeit ist eine zuverlässige Entdeckerin, und so enthüllte sie auch unsere heilige Wahrheit – die Zeit, und, in meinem Fall, ein geschickter Pinsel, der bei einer Bildreinigung Erstaunliches entdeckte. Er ließ meine geliebten Quitten und die Myrte wieder aufblühen, ein kleines, aber ehrliches Werkzeug, das alle Täuschungen endlich wegputzte – und sogar meinen glänzenden Ehering wieder zum Vorschein brachte.
Oft ist es allein eine Frage der Färbung. Wie gut etwas erfunden ist.

Se non è vero, è molto ben trovato.

Alle logen damals. Auch Raffaello und ich logen uns die Welt zurecht. Wir logen wortlos. Ich schwieg, und er malte, während die offizielle Geschichte, die sich alle erzählten, so ging: Er verlor mit acht Jahren seine Mutter und mit elf den Vater, während ich immerhin bei

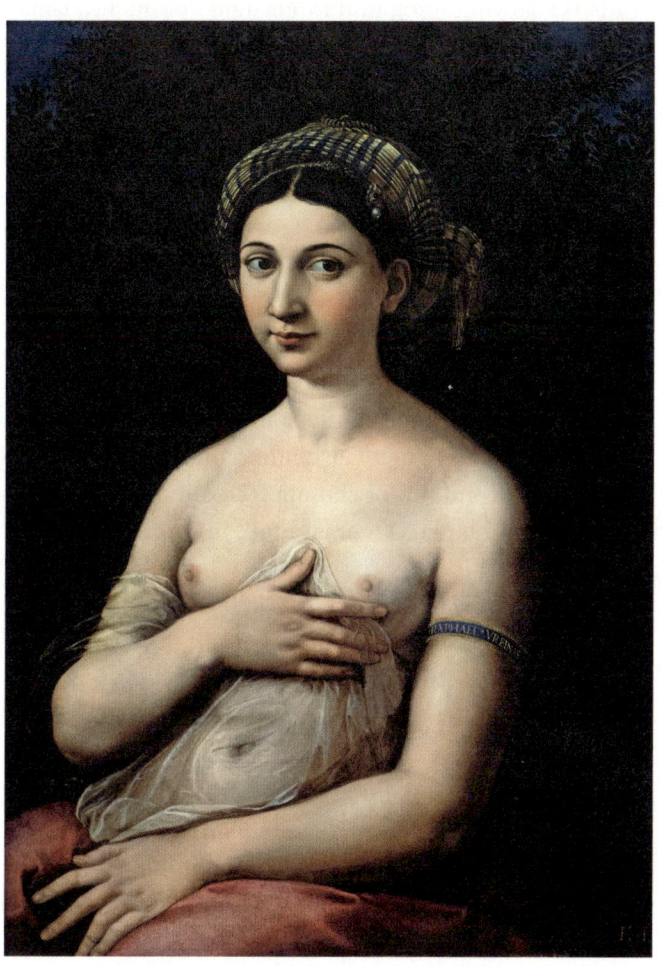

Raffael, *La Fornarina* (Porträt einer jungen Frau), 1518/1519

meinem Vater aufwuchs. Raffaello, dessen Talent angeblich ein Geschenk der Götter war und so groß, dass er als Waise weiterzog und in Perugia bereits mit siebzehn Jahren als Meister bezeichnet wurde, während ich einfach früh in der Bäckerei mit anpacken musste. Raffaello, der Mann aus dem ländlichen Urbino, und ich, eine dieser rabiaten Römerinnen. Raffaello, der schöne Junge mit dem dunklen Haar und den sanften Augen, kam auf Empfehlung des Baumeisters Bramante nach Rom, ins Zentrum unserer Zeit, erzählten sie, in dieses Drecksloch, sage ich. Raffaello, der strahlendste Stern am Kunsthimmel, ich, die verschwitzte Bäckerstochter. Raffaello war in Rom sofort beliebt, der Vatikan verehrte ihn, der Papst förderte ihn, die Kardinäle überhäuften ihn mit kleinen Geschenken und großen Aufträgen – während hinter seinem Rücken die Frauen kicherten und bewusst versuchten, in seiner Blickweite zu bleiben.
Und der wichtigste Teil der offiziellen Geschichte: Bald ließ er sich glücklich verloben mit der zauberhaften Maria da Bibbiena.
Aber wenn ich diesen Namen nur schon höre!
Maria da Bibbiena, die Nichte des Kardinals, Maria da Bibbiena mit der Hakennase des Kardinals, mit dem gleichen fetten Kinn, den gleichen kalten Glupschaugen. Das konnte doch niemand ernsthaft glauben, das war eine rein strategische Verbindung, ein hässlicher Nebelstreif, und dahinter die noch hässlichere Fratze von Maria da Bibbiena. Wie verlogen.
Dagegen stand unsere Wahrheit – und die begann mit meinen müden Füßen im Tiber.

Es war ein höllisch heißer Tag im August, die Sonne drückte schon den ganzen Tag auf Trastevere, und von den Hügeln her roch es nach Gewitter.
Nachdem ich mehrere Auslieferungen für meinen Vater erledigt hatte, kam ich an der Villa Farnesina des Bankiers Agostino Chigi vorbei. Dort herrschte ein Gewimmel und Gewusel von Handwerkern, Malern und anderen Gesellen, einige schauten mir nach, machten kecke Geräusche, doch ich hatte keine Lust, die jungen Männer zu grüßen, und legte schließlich in unserem Garten eine Pause ein. Ich wollte nicht gleich zurück in die stickige Bäckerstube, sondern setzte mich am Flussufer ins Gras, zog die Strümpfe aus und badete meine Füße im kühlenden Tiber.
In diesem Moment entdeckte er mich. Oder wir entdeckten uns gegenseitig. Neugierig hatte er sich an der Mauer hochgezogen, stützte sich mit den Oberarmen ab und schaute, solange es die Kraft seiner Arme zuließ. Zuerst versuchte ich, ihn zu ignorieren, dann rief ich ihm schmutzige Schimpfwörter zu, die er genussvoll mit eigenen, ellenlangen Flüchen erwiderte. Sein Kopf verschwand regelmäßig hinter der Mauer, um dann unter großer Anstrengung wieder aufzutauchen. Er gab nicht auf. Und nachdem uns die Beleidigungen ausgegangen waren, winkte er mir umständlich zu, winkte mich zum Eisentor hinüber, wo wir uns schließlich gegenüberstanden und freundlicher wurden.

    Dein Geist ist so schön wie dein Körper,
sagte er nach einer Weile, worauf ich ihn fragte, ob er denn zu meiner Seele keine Meinung habe. Und ab da war es um ihn geschehen.

Er war gut mit Worten, doch die meisten hörten seine
Schwärmereien über mich höchst ungern. Die Öffentlichkeit wollte lieber an die blödsinnige Verlobung mit
Maria da Bibbiena glauben, voller Ungeduld warteten
sie auf diese prächtige Hochzeit.
Dass ich nicht lache! Eine Feier, die mein süßer Raffaello immer wieder geschickt aufschob.
    Keine Zeit, ich habe zu arbeiten,
sagte er etwa entschuldigend.
    Ich muss zuerst die Aufträge in den Palazzi und
    Villen fertig machen,
meinte er mal laut und mal zornig.
    Das versteht ihr doch! Ihr habt mich schließlich
    dafür angestellt,
wich er weiter aus und ergänzte:
    Nur noch dieses Gemälde, dann können wir über
    eine Hochzeit reden.
Aber kaum war er mit einem Werk fertig, malte er
auch schon das nächste – oder er malte die Nächste.
Er malte viele Frauen, weil er sie verstand, weil Raffaello uns genau so sah, wie wir sind – einfach und doch
tausendfach: die Venus, die Hexe, die Madonna, die
jungfräuliche Braut, das Kind, die Eulen-Göttin, Santa
Cecilia, Galatea – und die Bäckerstochter aus der Via
di Santa Dorotea.
Es stimmte, was sie über ihn sagten: Er war zärtlich und
den Frauen zugetan, er war stets bereit, uns zu dienen,
uns mit seinen Farben zu erleuchten. Das zumindest verbreitete der Alleswisser Giorgio Vasari, und in diesem
Punkt will ich ihm keineswegs widersprechen – möchte
aber ergänzen: Keine Erscheinung hat er so geliebt

wie mich. Und keine hat er so gemalt wie mich. Meine
Porzellanhaut, den weißen Marmor meines Gesichts.
    Du hast mich erleuchtet,
flüsterte er mir nach unseren Sitzungen gern ins Ohr,
während alle anderen behaupteten, ich hätte ihn
geblendet.
Ja, so schnell wird die Geliebte zu einer unliebsamen
Wahrheit. Von der Hilfe zum Hindernis. Dabei störten
doch nur die Hürden, die unsere Liebe zu überwinden
hatte. Es war seine Liebe, die in ihm tobte und an ihm
riss, seine Liebe, die ununterbrochen einen Weg zu mir
suchte. Seine unterdrückte Sehnsucht nach mir lenkte
ihn von der Arbeit ab.
Genau so war es, als er bei Agostino Chigi das erste
Geschoss des Palastes malen sollte. Morgens kam er auf
der Baustelle an, tigerte durch die Räume, besah sich
die Skizzen zu Amor und Psyche, wies seine Lehrlinge
launisch an, blieb vielleicht zwei Stunden, bis sich seine
Konzentration auflöste und es ihn wieder in meine
Richtung drängte.
Zwanzig oder dreißig Tage ging das so: Raffaello stieg
morgens aus meinem Bett und verschwand, aber noch
vor Mittag tauchte er wieder vor der Backstube auf,
wollte mich scherzen oder fluchen hören und ließ mir
nicht mal Zeit, die mehligen Finger an der Schürze
abzuwischen – bis Agostino genug hatte von diesem
Schauspiel.
    Großer Gott, Raffaello, es reicht!,
tobte er eines Morgens im Palazzo vor dem unveränderten Wandgemälde, während Raffaellos Blick trotz des
Geschreis verträumt auf den Tiber hinausging.

Dann lenkte Agostino ein.
> Meinetwegen, holt mir sofort diese Luti her!
> Wenn Margarita Luti nicht bis Mittag in meiner
> Villa steht, könnt ihr was erleben – so werden
> meine Fresken nie fertig!

Seine Wut hallte durch die Villa und bis ans Flussufer.
Umgehend ließ er einen Diener nach mir schicken, und sein Plan funktionierte: Jeden Tag ging ich mit Raffaello in die Villa Farnesina, blieb bei ihm im Zimmer, saß da, schaute ihm zu – während er malte.
Alle waren zufrieden. Na ja, fast alle.
In Wahrheit war ich dem Papst und Agostino Chigi ein Dorn im Auge. Die Herren schmiedeten sogar hinterhältige Pläne, damit Raffaello mich vergaß, damit er endlich wieder ganz ihnen gehörte.
Eines Abends auf dem Heimweg zur Via Santa Dorotea hörte ich ab der Porta Septimiana Schritte hinter mir, ein schleichender Schatten, der mich kurz vor unserem Gartentor einholte. Unter der Kapuze erkannte ich das Gesicht von Chigis Handlanger, der grimmige Kerl griff in seinen Umhang und zog einen Brief hervor.
> Du brauchst nur zu verschwinden, Luti,

zischte mein Verfolger und bot mir sehr viel Geld an, für den Fall, dass ich Rom innerhalb von zwei Tagen für immer verlassen würde. Um Raffaello sollte ich mir dabei keinerlei Gedanken machen, ein gefälschter Abschiedsbrief würde ihn endgültig von mir lösen, ich müsste einfach hier unterschreiben und ich wäre eine reiche Frau.

Manche Männer sind lächerlich.
Die Liebe und die Götter lassen sich nicht täuschen.

Die gegenseitige Liebe ist heilig. Auch wenn sie verheimlicht werden muss. Und das war alles andere als einfach, die langweilige Maria da Bibbiena und ihr herrschsüchtiger Onkel, der Kardinal, ließen uns keine ruhige Minute. Sie spürten den Gerüchten nach, schickten Diener zu meinem Haus oder störten uns im Arbeitszimmer, wenn ich für ihn Modell saß. Natürlich war unsere Beziehung riskant. Raffaellos Schule malte gerade im Vatikan die Sala di Constantino, und wenn unsere Geschichte dem Kardinal zu Ohren gekommen wäre – Himmel, der Auftrag, das ganze Geld! Nein, die Förderer und auch die angestellten Schüler sahen mich nicht gerne in Raffaellos Nähe – doch Raffaello wollte es so, und das allein zählte. Und er fand seine eigenen Wege, um mich vor aller Augen zu ehren und zu lieben: auf Zeichnungen und Gemälden, auf Wänden in Palästen und Villen, in Öl auf Holz – und auf diesem letzten Bild von mir.
Darauf ist die ganze Wahrheit zu erkennen.
Was die anderen damals sahen, war höchstens die Hälfte:
Eine Frau mit blau-gelbem Turban, ihr Blick geht nach vorne, geht am Beobachter vorbei, ein leichtes Lächeln liegt auf meinen Lippen, eine Hand im Schoß über dem dicken, roten Tuch, das meine Beine und alles dazwischen bedeckt. Die andere Hand hält einen Schleier; und meine Brüste sind entblößt.
Oh, diese freien Brüste, ja, die sahen die Herren Händler und Experten sofort, als sich die aufklappbaren Holzflügel vor dem Bild öffneten.
Und was ich in ihren Augen alles mit diesen Brüsten tue: Ich verhülle die Brüste halbherzig, nein, ich zeige die

linke Brust, nein, ich biete die Brust an, halte die Brust,
umfasse die Brust, nein, drücke die Brust, will einen
Säugling stillen mit der Brust, ich gleiche der heiligen
Madonna mit der Brust, trage die Milch der Musen in
meiner Brust, nein, ich verweise auf eine Krankheit in
meiner Brust, zeige auf eine Verfärbung, eine Wucherung und Deformierung in meiner Brust, ich symbolisiere dieses und jenes mit meiner Brust – ich sei ein
Zeichen der Lust und Liebe und Schönheit und Fruchtbarkeit, ich sei die irdische Venus, ich sei die Venus
Pudica, und alles nur wegen meiner nackten Brüste.
Lachhaft, jeder glaubt sowieso nur das, was er glauben
will. Aber ich verrate gerne, was damals niemand sehen
wollte:
Die Perle am Turban war mein Liebesschmuck, der Armreif an meinem Oberarm trug seinen Namen – Raphael
Vrbinas. Mein Raffaello. Ich war sein!
Nur mich hat er auf diese Weise signiert, von allen
Frauen und allen Bildern, die er je geliebt und geschaffen hat. Nur mir hat er seinen unvergesslichen Namen
geschenkt und den Ring des ewigen Bundes.

> Setze mich wie ein Siegel auf dein Herz und wie
> ein Siegel auf deinen Arm,

heißt es im Hohelied Kapitel acht, Vers sechs – und genau so hat er unsere Liebe verewigt. Aber Rom wollte
sie nicht wahrhaben. Lieber drängte es nach der vorgetäuschten Verlobung mit Maria da Bibbiena, alle wollten
die beiden vor dem Altar und Gott vereinigt sehen.
Aber dazu kam es nicht mehr.
Es war ein regnerischer Karfreitag, als Raffaello entkräftet nach meiner Hand suchte.

> Margherita, meine Liebe,

sagte er,

> nach so vielen Lügen sollst du endlich wahrhaftig und frei sein können. Bitte lebe ein ehrliches Leben.

Ein heftiges Fieber hatte ihn zwei Tage zuvor ergriffen, ich hatte den Doktor gerufen, doch der Aderlass brachte nicht die erhoffte Besserung – im Gegenteil.
Raffaello starb am traurigsten Karfreitag, an seinem Geburtstag und viel zu früh. Immerhin war ich bei ihm und hielt seine Hand, diese schwache Hand, die ein so starkes Werk geschaffen hatte.
Mein Geliebter hatte mir etwas Geld hinterlassen, also befolgte ich seine letzten Worte. Vier Monate nach seinem Tod ging ich als trauernde Witwe in den Konvent Sant' Apollonia und fand meine Ruhe.
Unterdessen hatte ganz Rom allerhand zu tun, um das falsche Bild aufrechtzuerhalten: Schnell begruben sie Raffaello in einem antiken Sarkophag im Pantheon, begruben ihn unter einer weiteren Lüge, da auf dem Grabstein eine Plakette in Maria da Bibbienas Namen prangte. Die Inschrift sollte endlich all die Gerüchte über uns zwei verstummen lassen. Gerüchte, die eigentlich die Wahrheit waren.
Aber schlimmer noch: Sie übermalten seine Liebesbeweise. Dieser verfluchte Schüler Giulio Romano verdeckte die Büsche hinter mir mit seinen düsteren Schatten, er beschnitt die Liebessymbole der Natur, die Quittenbäume und die Myrte, und er nahm mir sogar den Ring an meinem Finger. Der kostbare Rubin für Raffaellos Ehefrau – einfach übermalt!

Ja, in Wahrheit ist es ein Hochzeitsbild, ich schwöre bei der heiligen Madonna: Wir waren Frau und Mann – und sind es noch immer. Auch wenn diese Ehe erst nach fünfhundert Jahren und dank eines kleinen Restauratorenpinsels ganz ans Tageslicht kam.
All ihre Lügen waren vergeblich.
Ich sage ja, es ist wie mit dem Nebel im November.
Ist man geduldig genug, lichtet er sich.

Rembrandt van Rijn, *Badende Frau*,
1654

HENDRICKJE STOFFELS

Gewitterwolken

Er kann nur malen und saufen und vögeln, sagte ich in bitteren Zeiten zu seinem Sohn Titus, und ich hatte recht.

Dabei war das Geld an allem schuld. Es ließ seine Launen wechseln wie das Küstenwetter vor Haarlem, und diese Stürme legten sich eben nur bei Bier, Käse, gesalzenen Heringen – oder beim Malen. Alle Geschäfte, die er in die Hand nahm, scheiterten umgehend. Alle Gulden verpufften in seiner Nähe: das Erbe von Titus, das ganze Geld seiner verstorbenen Frau Saskia und das Honorar für alle Auftragswerke.

Da half es auch nicht, dass er sich nach dem Tod seiner geliebten Saskia diese Geertje ins Haus geholt hatte, obwohl die junge Frau durchaus kochte, putzte, die Wäsche machte und für den kleinen Titus sorgte. Aber die dachte sich halt, sie könne den grimmigen, alten Herrn eines Tages heiraten – was sie aber nicht wusste: Das durfte er gar nicht, sonst hätte er gemäß Testament das ganze Erbe von Saskia verloren.

Ein kompliziertes Durcheinander.

Weiß der Teufel, wie ich in diesen Sturm geraten bin.

Natürlich weiß ich, wie ich aus unserer Muinzenstraat in Bredevoort, wie ich aus dieser hintersten Ecke des Landes nach Amsterdam und in dieses verrückte Haus voller staubiger Bücher, Wandgemälde, Hüte, Schmuckstücke, Kostüme und Krimskrams gelangt bin. Eigentlich lief das damals sogar über diese arme Geertje; die kannte die Frau eines Soldaten, der in Bredevoort stationiert war, und dieser wiederum kannte meinen Schwager Jan.
Dazu muss man wissen, meine Schwester Martijne war verheiratet, mein Vater war Jäger für das Schloss, meine Brüder waren ein Leben lang Soldaten – und ich? Ich wollte weg aus dieser elenden Garnisonsstadt, weg von diesen dreckigen Sümpfen, die nach Männern und Tod rochen.
Ich spürte es. Ein Unheil schwebte über Bredevoort. Und an einem heißen Julitag bäumte sich tatsächlich eine Gewitterwolke über der Stadt auf, und der Teufel schoss einen Blitz hinunter in den Pulverturm. Dreihundertzwanzig Fässer Munition explodierten. Die Burg brannte nieder. Und die Druckwelle verunstaltete unser ganzes Städtchen. Vierzig Menschen starben an diesem Sommertag im Jahre 1646. Kein Mädchen kann unbeschwert in die Zukunft gehen, an einem Ort, wo nur Morast und Asche liegen. Ich wollte nach Amsterdam, wo die Welt freier und größer und sicherer schien. Immerhin war ich schon einundzwanzig und hoffte, in der großen Stadt einen geeigneten Ehemann zu finden.

    Es gibt da diesen Kameraden in meiner Kompanie,

erzählte mein Schwager Jan an einem Sonntagmittag
und brach sich etwas Brot ab,
> der heißt Ruben, und Ruben hat mir erzählt, dass
> seine Frau von einer gewissen Geertje wisse,
> dass ein reicher Herr Rembrandt in einem gro-
> ßen Haus an der Breedstraat in Amsterdam ganz
> dringend ein neues Dienstmädchen suche.

Alle blickten in meine Richtung, und noch am selben
Abend packte ich das Nötigste ein.

Das erste Treffen hätte mir eigentlich eine Warnung
sein sollen. Der besagte Herr Rembrandt van Rijn
schwankte mir wortlos entgegen, musterte mich kurz
und setzte sich mürrisch an den Tisch. Geertje stellte
mich schließlich ein, worauf Rembrandt bloß seinen
Bierkrug leerte und zustimmend auf den Tisch knallte.
Mein Glück war, dass er mich mochte, wie er selber
sagte. Er mochte meine dunklen, traurigen Augen,
meine großen Hände und Füße, Jägerhände und Jäger-
füße, die ich wohl von meinem Vater geerbt hatte.

> Du bist sehr liebenswürdig,

flüsterte er mir mit dem fauligen Atem einer durch-
zechten Nacht zu,

> > viel liebenswürdiger als diese Geertje, diese
> > Furie, schau nur, wie sie Gift sprühend und for-
> > dernd und viel zu laut durch mein Haus stampft.

Ich erkannte schnell, dass dieser Herr Rembrandt von
Rijn keineswegs so reich war, wie mein Schwager Jan
mir glaubhaft versichert hatte. Mehrmals die Woche und
zu jeder Tageszeit klopften Gläubiger an der Tür und
forderten Einlass.

Elende Geldeintreiber!
zürnte Rembrandt lauthals,
Aasgeier und Stümper,
denen ich unter keinen Umständen öffnen durfte, die aber erst nach einer gefühlten Ewigkeit wieder davonzogen, jedoch stets einen Schein, eine Vorladung oder ein anderes offizielles Schreiben zurückließen.
Aber Rembrandt kümmerte sich nicht, er habe zu malen. Zumindest schloss er sich in seinem Arbeitszimmer ein, spazierte nachts durch die Viertel, um Bier zu trinken oder eine Prügelei anzuzetteln. Viele Gemälde hat er in diesen ersten Jahren nicht fertiggestellt. Vielmehr nahm er jede Gelegenheit wahr, um seinen Auftragswerken aus dem Weg zu gehen:
Kam ich vom Markt, saß er schon ungeduldig in der Küche und aß immer gleich die Hälfte von allem auf, was ich im Korb mitbrachte. Erhielt ich frohe Botschaft von meiner Familie, fuhr er mit mir zum Tauffest nach Bredevoort. Warf ich mir den Wollumhang über, eilte er herbei und begleitete mich zu Besorgungen oder auf Spaziergänge. Erledigte ich die Wäsche an der Gracht, schlich er mir nach und beobachtete mich. Er skizzierte mich beim Nähen, er machte Zeichnungen, wenn ich kochte, und kleine Porträts, bei jeder Gelegenheit.
Ich fühlte mich geschmeichelt – aber meistens gestört. Und irgendwann kamen wir uns näher, oder sagen wir: Er kam mir näher.
Zuerst draußen bei den Dämmen, dann in der Küche, wo er mich auf seinen Schoß zog, dann im Schlafzimmer. Geertje war zwar stur, aber keineswegs dumm. Natürlich verstand sie sofort, was los war. Ihr Gesicht

wurde immer blasser und bitterer, und irgendwann kam es, wie es eben kommen musste: Sie packte ihre Sachen und verließ wütend das Haus.

Von da an begannen die Leute zu reden. Geertje verlangte vor Gericht jährlich 200 Gulden für ihren Unterhalt, da Rembrandt sie angeblich mit seinem falschen Eheversprechen getäuscht und ausgenutzt hatte. Wie gesagt, die arme Geertje hätte Rembrandt nicht verärgern dürfen. In ihrer Enttäuschung verpfändete sie zu allem Übel noch den Schmuck der verstorbenen Saskia, den schönen Diamantring mit dem Rosenmotiv. Die Erinnerung an seine geliebte Saskia war plötzlich weg – das war ihm zu viel. Voller Rachsucht brach er als Gegenschlag einen Rechtsstreit vom Zaun und brachte die arme Geertje mithilfe von einigen einflussreichen Männern in dieses Spinnhaus in Gouda. In ihren offiziellen Aussagen behaupteten sie, Geertje sei von einer heftigen Hysterie geplagt, weil sie gelegentlich einen Teller zerschlug, wenn Rembrandt sie zu hart anfasste oder an den Haaren zerrte. Es wurde auch dargelegt, dass ihre Stimme auffallend rau sei, und überhaupt lache sie zu laut – was das mit der Angelegenheit zu tun hatte, verstand ich nicht wirklich.

Aber ich merkte, ich musste vorsichtig sein. Geertje war schließlich nicht sein erstes Dienstmädchen, das im Irrenhaus landete. Eine nach der anderen verfiel dem Wahnsinn oder verschwand einfach spurlos.

Ja, die Raserei beherrschte er, aber gebracht hat ihm das gar nichts. Zumindest nicht finanziell. Obwohl Geertje sogar das ganze Erbe von ihrem ersten Mann, dem Schiffstrompeter, dem kleinen Titus vermachen wollte.

Aber Rembrandt war damals schon bankrott. Nach dem großen Erfolg mit der »Nachtwache« war er irgendwie ratlos geworden. Gemalt hat er kaum, verkauft hat er noch weniger, und falls doch, zerstritt er sich meistens kurz vor Geschäftsabschluss mit den Auftraggebern und blieb am Ende auf dem fertigen Gemälde sitzen.
In diesen Schlamassel war ich nun geraten. Ich hatte als Kind nie lesen und schreiben gelernt, aber ich erkannte sofort eine gefährliche Gewitterwolke, wenn sie sich über einem zusammenbraute. Ich ging in Deckung, schlich durch den Alltag und konnte auf dem Markt bald ganz gut mit Zahlen umgehen – und vor allem verhandeln.

Doch dann kam der Krieg.
Hinter den Dünen sah man die englische Kriegsflotte, und die fernen Kanonenschüsse waren bis in unsere Breedstraat zu hören. Die Engländer blockierten alle Verkehrswege. Keine Schifffahrt bedeutete keine Rohstoffe. Das ganze Land verarmte. Sogar das Rathaus konnte nicht fertig gebaut werden. Amsterdam litt. Der Kunstmarkt ging vor die Hunde und nahm Rembrandts Stimmung gleich mit; allein das Saufen und Fressen und das Bett lenkten ihn noch einigermaßen von seinen Handelsverlusten und den vielen verlorenen Aufträgen ab. Ich ertrug ihn, so gut es ging.
Aber ausgerechnet in dieser Zeit kam mein Blut nicht mehr. Der Bauch wuchs. Und die Leute begannen, noch mehr zu reden. Die Wolke über uns wurde dicker und dunkler, und dann kam die Vorladung vom Rat der Reformierten Kirche.

Es war ein milder Tag im Juli 1654, als ich vorsichtig den Seitenraum der Nieuwe Kerk betrat. Streng aufgereiht saß der Kirchenrat da und wollte jedes Detail wissen: in welchem Verhältnis ich mit dem Herrn Rembrandt van Rijn stünde, ob wir ehelos lebten, was da in meinem Bauch sei, ob wir ein gemeinsames Bett teilten, etwa ein großzügiges Himmelbett, genau wie dieses französische Bett, das auf jener gotteslästernden Radierung des Herrn Rembrandt zu sehen sei, auf der ein Mann und eine Frau für alle sichtbar die Ehe vollzogen.
Zum Schluss fragte mich der Ratsvorsitzende direkt und von oben herab, ob ich bekenne, mit dem Maler Unzucht betrieben zu haben, worauf ich ebenso direkt und von unten herauf nur mit »Ja« antworten konnte.
Mein Urteil war gefällt.
Da Rembrandt sowieso kein Kirchgänger war, wurde sein Fall einfach fallen gelassen. Ich hingegen wurde der Hurerei angeklagt, zur Bußfertigkeit ermahnt und zur Strafe von der heiligen Messe ausgeschlossen. Kein Abendmahl mehr für mich – meinetwegen, ich hatte sowieso anderes zu tun, aber wie die Leute über uns redeten:
>Der Säufer und die Dirne.
>Der Bankrotteur und die Hure.
Rembrandt war es egal, dem war sowieso fast alles egal.
Er malte und er malte immer wieder mich.
Ich sollte etwa mein Kleid aus Goldbrokat anheben, und wie eine Nymphe, wie eine Bathseba hatte ich vom Ufer her mutig ins Wasser zu steigen.
Ich spielte seine Ideen mit, manchmal machte es sogar Freude – und wenn nicht, was sollte ich auch

anderes tun? Tatsächlich ins Wasser gehen? Das wollte
ich nicht, da wuchs immerhin ein Kind in mir. Und weggehen konnte ich auch nicht. Ich wusste ja, wie rachsüchtig er sein konnte, wie er die Weiber entweder vor
Gericht zerrte oder in den Wahnsinn trieb.
Ich musste bei ihm bleiben.
> Aber Hendrickje Stoffels findet einen anderen
> Weg,

dachte ich mir.
> Hendrickje Stoffels hat schon ganz anderes überstanden und lässt sich keineswegs durch ein paar
> neue Gewitterwolken einschüchtern.

So blieb ich und ließ gedeihen, was in mir wuchs, bis
ich unser gesundes Kind an einem windstillen Oktoberabend aus mir herauspresste. Das Wunder war plötzlich
da und lag ruhig in meinen Armen.

Cornelia, meine Cornelia, unsere Tochter,
flüsterte ich, und zum ersten Mal sah ich Rembrandt
verwandelt. Er war kein bisschen aufgebracht oder
stürmisch, nein, für einmal verhielt er sich ganz still
und strahlte wie die Sonne an einem Frühlingstag über
Amsterdam.

Dann sind wir eben die Hure und der Bankrotteur,
spottete ich, während er wie ein sanftes Lamm am
Kindsbett saß und mit einem Grinsen ergänzte:
> Ja, dann sind wir jetzt eben vier Außenseiter in
> einem Haus in der Breedstraat.

Ein Haus übrigens, das seit den stadtweiten Gerüchten
keine Frau mehr für ein Auftragsporträt betreten wollte.
Dafür kamen die Pfänder umso regelmäßiger, seit wir
die Raten fürs Haus nicht mehr bezahlen konnten.

Um sie auszutricksen, ließ ich das Gebäude auf Titus überschreiben, doch das Konkursgericht bekam Wind davon, und wir mussten das Haus wohl oder übel verkaufen. Das ganze Hausinventar wurde versteigert, kistenweise verschwanden Bücher, französische Kleider, Teller und Tassen, auch seine Kunstkammerschätze, die Schnitzereien, Spiegel, Schmuckstücke, Indianerspeere und sogar einen Krokodilschwanz trugen die Pfänder davon. Immerhin konnte ich noch ein paar Silberlöffel und Goldringe, etwas Leinen und Wolle retten, indem ich behauptete, es seien meine Sachen, die ich damals in den Haushalt mitgebracht hatte. Aber unsere Zeit in der Breedstraat war vorbei.

Wir zogen mit Titus und der kleinen Cornelia in die Rozengracht Nr. 184 – und wieder war ich in der sumpfigsten, hintersten Ecke angelangt, wieder stank es nach Soldaten und Tod, und wieder war eine Unheilwolke mitgezogen. Unser neues Quartier lag ausgerechnet gegenüber dem Vergnügungsviertel. Rembrandt nutzte diese Nähe oft aus, um dort zu verschwinden, verprasste unsere Gulden und kam erst spät in der Nacht oder am nächsten Morgen nach Hause.

     Er kann wirklich nur malen und saufen und
     vögeln,
stimmte mir Titus in seiner Verzweiflung zu, und da erkannte ich, dass Rembrandt selbst diese üble Gewitterwolke war. Er war jene dunkle Bedrohung, die ständig über uns schwebte und mitkam, ganz egal, wohin wir gingen. Und ich erkannte auch, dass es diesbezüglich nur zwei Möglichkeiten gab.

Erstens: aufgeben.
Oder zweitens: wie die Sonne über dieser Gewitterwolke Platz zu nehmen.
Am 15. Dezember 1660 war es so weit, und am Kunsthimmel erschien die neu gegründete

>»Compagnie für den Handel in Gemälden, Papierkunst, Kupferstichen und Holzschnitten und -drucken, derselben Raritäten und allem, was dazugehört«.

Titus und ich waren die Inhaber.
Und die einzige Hilfskraft der Compagnie war ein gewisser Rembrandt van Rijn, der als Gegenleistung für Kost und Logis für uns arbeitete. Das heißt: Er malte.
Er hatte keinerlei Anteile am Geschäft, weder am Gewinn noch am Verlust, sondern er verpflichtete sich, die 1750 Gulden, die er zuvor von Titus und mir erhalten hatte, zurückzuzahlen, sobald er durch das Malen wieder etwas verdiente.
Nur murrend willigte er ein, aber er hatte keine andere Wahl – außerdem waren Titus und ich längst zu einer eingeschworenen Mehrheit geworden.
Mein Trick gelang. Rembrandt war endlich vor den vielen Gläubigern geschützt – und wir waren vor Rembrandt geschützt.
Und das Beste daran: Er malte wieder, und wie!
Die Aufträge flatterten nur so ins Haus, und wir verkauften seine Werke für gutes Geld. Allein im Jahr 1661 vollendete unser Angestellter Rembrandt für die Compagnie sechzehn Gemälde. Jetzt steuerte ich den Kahn.
Ich war ganz berauscht von unserem Erfolg und ersann sofort weitere Ideen, um das Geschäft voranzutreiben.

Eines Morgens befahl ich dem verkaterten Rembrandt, die Stadt für eine Weile zu verlassen, worauf Titus und ich in gewissen Amsterdamer Kreisen und bei tratschfreudigen Personen die Nachricht streuten, der gute alte Rembrandt sei überraschend verstorben. Tagelang trug ich Schwarz und klagte auf dem Westermarkt geradezu herzzerreißend, dass mein armer Rembrandt nie mehr malen würde. Und schon schossen die Kunstliebhaber aus ihren Löchern, fragten nach seinen Gemälden und zahlten, ohne mit der Wimper zu zucken, hohe Preise. Was für ein Aufstieg!
Die kleine Hendrickje Stoffels aus Bredevoort – vom einfachen Dienstmädchen zur Unternehmerin. Ich hatte alle Unwetter ausgetrickst.

Aber ich hätte es besser wissen müssen.
Das Unheil findet immer einen Weg. Diesmal blies es der Wind im Jahre 1663 auf einem Segelschiff über das Mittelmeer, ein Schiff, das trotz seltsamer Vorkommnisse an Bord in den Amsterdamer Hafen einlaufen durfte, wo das Unheil unbemerkt an Land ging. Dort verbreitete es sich im Hafengebiet, in Kattenburg, in der ganzen Stadt, dann in Rotterdam und am Ende im ganzen Land. Es setzte sich auf die Haut der Menschen, machte sich dort als juckende Stelle bemerkbar, wuchs zu blau-schwarzen Beulen und begann irgendwann zu bluten. Der Kopf schmerzte, das Fieber stieg, und die Grachten stanken nach Tod.
Arbeiter der Stadtverwaltung malten allerorts ein großes P auf die Türen der Häuser. Die Ärzte trugen Schnabelmasken und schlichen wie schwarze Totenvögel den

Kanälen entlang. Die Kirchenglocken läuteten. Die Reichen flohen aufs Land, während die Armen sich einschlossen und starben. Nur ein paar verzweifelte Eltern holten ihre Kinder aus den Pesthäusern außerhalb der Stadt zurück.

Hier half kein Trick mehr, das Unheil hatte mich endgültig gefunden.

Im Juli 1663 schlug der letzte Blitz zu und holte mich zu sich in den Himmel.

Glücklicherweise hatte ich zwei Jahre zuvor unsere kleine Cornelia zur Alleinerbin bestimmt. Und falls sie starb, ginge das ganze Vermögen an ihren Halbbruder Titus. Denn selbst aus dem Grab heraus wusste ich genau: Er konnte nur saufen und malen und vögeln, aber Geld, das konnte er nicht.

MARIA VERMEER

Ich bin es nicht

Nein, ich bin es nicht.
    Mich gäbe es sowieso besser gar nicht, wünschte ich mir oft, wenn meine Mutter lauthals durchs Haus rief:
        Maria, schau bitte nach den Kleinen.
        Johannes und Franciscus sollen nicht zu weit
        weg. Nicht dass sie wieder an die Grachten oder
        bis zum Stadthuis gehen,
donnerte sie bis in die oberen Stockwerke. Ich versuchte, ihrem Schall auszuweichen, indem ich zwischen den Staffeleien verschwand.
Ihre Stimme war den Umständen zum Trotz immer voluminös, als könnte man den runden Bauch mithören. Sie war fast immer schwanger.
    Catharina, sie ist bei mir im Arbeitszimmer, verriet mich mein Vater jedes Mal und schickte seinerseits einen entschuldigenden Blick hinter der Leinwand hervor. Also legte ich mein Werkzeug weg und machte mich auf die Suche nach meinen Geschwistern, als sei das meine einzige Aufgabe. Für die Kunstgeschichte bin ich sowieso bloß eine Nebenfigur oder gelte nur als

Jan Vermeer, *Mädchen mit dem Perlenohrgehänge,* 1665

eine Charakterstudie, ein erfundenes Gesicht. Und doch glauben so viele, mich zu kennen.

 Maria, sei eine gute Schwester,
flehte meine Mutter aus dem Wochenbett,
  nimm Cornelia, Elisabeth und Aleydis gleich mit zum Markt, und schau, ob der Händler de Vries neue Matjes in Salzlake hat.
Ich war vor allem die älteste Schwester, die älteste Tochter der Familie Ver Meer aus Delft, obwohl ich gewiss mehr hätte sein können, wenn mich Mutter und Vater gelassen oder die Umstände es zugelassen hätten. Ich war sicher keine untalentierte Frau, keine arme Dirne, kein bezahltes Model aus Rotterdam, aus Delftshaven, keine Grit, keine Magd, keine Dienstbotin, nein, aber ich war in dieser Großfamilie gefangen. Und wenn hier nicht gerade gestorben wurde, was bei so vielen Geburten eben vorkam, herrschte bei uns in der Oude Langendijk durchaus viel Leben.

Umso mehr genoss ich die stillen Nachmittage bei Vater im Arbeitszimmer, wenn er mich skizzierte, wenn er sorgsam die optischen Instrumente aufbaute, mir die Tücken der Camera Obscura erklärte oder gewisse Mischtechniken vorführte. Am liebsten aber schlich ich mich allein ins Atelier, um an meinen Bildern zu arbeiten; ich wollte mich verbessern, aber Vaters Vorlagen waren schwer zu erreichen, obschon mir das Mädchen mit Gitarre ganz gut gelungen war.

 Maria, du wirst immer besser,
staunte mein Vater, als ich gerade mal elf Jahre alt war und ihm ein fertiges Gemälde vors Gesicht hielt.

Ich kostete sein Lob aus, sein Lob hatte für mich den größten Wert, weil ich wusste, dass die Kunsthändler für Frauenwerke weniger oder gar nichts bezahlten.
Aber ich malte schließlich aus Freude, und so blieb ich eine Leerstelle.
Meinetwegen sollte es mich nur als Geheimnis geben.

    Kinder, mit Speck fängt man Mäuse,
begann mein Vater,
    und mit Geheimnissen verkauft man Bilder,
erklärte er uns nach jedem abgeschlossenen Handel. Alle einflussreichen Käufer der Niederlande kannten den schlauen Kunsthändler Joannis Ver Meer in Delft, genau wie alle zuvor schon meinen geschäftstüchtigen Großvater gekannt hatten.

    Ein Bild muss den Blick fesseln, ihn festhalten wie ein Magnet,
flüsterte Vater seinen Kunden ins Ohr, wenn sie bei uns in der Oude Langendijk im Erdgeschoss herumstanden und die neu eingetroffenen Werke an den Wänden betrachteten. Bewusst beiläufig zeigte Vater dann auf eine Leinwand, ging einen Schritt zur Seite, gab dem Bild genügend Raum, während er den interessierten Käufern ganz im Vertrauen erzählte, welch abenteuerliche Reise das Bild hinter sich hatte.

    Es hätte den Transport aus Venedig fast nicht geschafft,
schwindelte er verheißungsvoll,
    das Fuhrwerk, ein Radbruch vor Rotterdam,
    Wegelagerer, Diebe aus dem Hinterhalt.
Er schüttelte den Kopf und zeigte auf ein anderes Werk.
    Und das hier, überhaupt ein einziger Skandal,

> der Künstler wollte sein Werk doch tatsächlich zurück, wegen jener Sache mit dieser Frau auf dem Bild da,

dann senkte er voller Scham seine Stimme und schickte mich gespielt aus dem Zimmer, da das Folgende nicht für die Ohren eines jungen Mädchens gedacht sei.
Es funktionierte immer.

> Ein Bild ist stets mehr als seine Farben, mehr als die Leinwand und das abgebildete Objekt,

erklärte Vater am Esstisch vor versammelter Familie und reichte dabei seiner Catharina die Pellkartoffeln zu den geliebten Matjes.

> Ein Bild ist auch seine Entstehung, es beginnt erst durch seine Geschichte zu leben,

schwärmte er weiter.

> Erzähl oder erfinde im Notfall eine spannende Lüge dazu.
>
> Aber lass dem Meisterwerk immer ein ungelüftetes Geheimnis.

So verkauft man Bilder, jeder Händler und jeder in der St. Lukas Gilde wusste das.
Auch die älteste Tochter eines Kunsthändlers musste das wissen, denn das Geld wurde immer knapper. Als der französische König Ludwig den Befehl gab, die Vereinigten Niederlanden anzugreifen, wurde alles noch schlimmer. Vater nahm während des Krieges etliche Kredite auf, wurde blasser und dünner, und selbst über meine Hochzeit mit dem Seidenhändler Cramer konnte er sich kaum freuen.
Ein Jahr später, im Dezember, schaffte er es eines Morgens nicht mehr aus dem Bett, und nach nur wenigen

Tagen wurde es im sonst so lebhaften Haus in der Oude Langendijk plötzlich sehr still.

Vater hinterließ eine schmerzhafte Lücke und Geldprobleme, die ich nur mit dem Talent und dem Händlerwissen der Ver Meers lösen konnte.

> Gibt es denn noch mehr Bilder von Joannis Ver Meer?,

fragten die Gläubiger, die in unserem Wohnzimmer ungeduldig von einem Fuß auf den anderen traten. Der Krieg hatte auch ihre sicheren Geschäfte ruiniert.

> Ja, die gibt es,

antworteten wir und holten einige meiner Werke hervor, die ich über die Jahre im Arbeitszimmer gelagert hatte. Erfreulicherweise hatte Vater nie alle seine Gemälde signiert – und wenn, dann immer anders.

> Und wer ist dieses Mädchen mit der Perle?,

fragten die Kunden weiter, also entwarfen wir weitere Geheimnisse.

> Das wissen wir auch nicht genau,

sagte ich, ohne zu zögern.

> Aber ich habe da so meine Vermutungen,

ergänzte ich und wechselte wie gelernt in ein Flüstern, da – wie ich andeutete – die Witwe Catharina und die Kleinsten der Familie Ver Meer besser nichts davon mitbekommen sollten – über diese Frau auf dem Bild. Nein, ich bin es nicht.
Ich dürfte es auch gar nicht sein.
Würde beispielsweise ein spitzfindiger Kunstprüfer, so wie mein Vater es einmal war, mit einer neuen Theorie daherkommen und das ganze Mysterium um diese Figur

mit dem Perlenohrring entschlüsseln: Niemand würde das wollen!
Ist das Rätsel gelöst, verschwindet der Zauber.
Und der Marktwert sinkt.
Dasselbe gilt, wenn sich herausstellte, dass im Haushalt der Ver Meers noch jemand gemalt hatte – zur gleichen Zeit, in ähnlichem Stil, mindestens fünf bis sechs Ölgemälde. Glücklicherweise gibt es von Vater keine Notizen oder Briefe oder Tagebucheinträge, die irgendetwas bezeugen könnten.
Nein, die Tochter darf hier keine offensichtliche Rolle spielen. Wir haben schließlich an die Sammler und an den Markt zu denken.
Gewisse Geheimnisse müssen Geheimnisse bleiben; der Geschichte zuliebe.
Wie hatte es Vater uns Kindern eingebläut?
>   Es ist immer die Geschichte, die den Wert
>   ausmacht.
Das Mädchen mit dem Perlohrring ist eine bis anhin unbekannte junge Frau.
Lassen wir es doch dabei.
Das Mysterium bestimmt den Preis.
Nur das zählt.

Angelika Kauffmann, *Selbstporträt*
(mit Zeichenstift und Zeichenmappe),
1784

ANGELIKA KAUFFMANN

Ich!

Leben ist wie Träumen, Angelika, du kannst alles sein,
hatte mir mein Vater vor dem Einschlafen zugeflüstert und seine Worte mit einem Kuss besiegelt.
Er hatte recht. Ich hätte so vieles sein können. Aber am Scheideweg zwischen Musik und Malerei entschied ich mich damals eben für die Bilderwelt des Vaters. Meine Mutter war die Musik. Jeder Gesang erinnerte mich an sie und unsere sonnige Zeit in Chur, als die Welt noch klein war. Zuerst gab es für mich nur den Mühleplatz gegenüber unserer Wohnung, dann die belebte Reichsgasse, doch am Ende der Reichsgasse verstellte schon der waldige Mittenberg mir die Aussicht. Jeden Morgen zog Vater seine sauberen Stiefel an, strich prüfend über den Gehrock und ging zum Martinsplatz, durch die Kirchgasse und über den Hofsteig hoch zum Bischöflichen Schloss, um dort seine Fresken zu malen. Währenddessen sang mir Mama zu Hause vor, erklärte mir Wörter in Deutsch und später auch in Italienisch, Englisch und Französisch. Manchmal klopfte jemand hastig an die Tür, weil nach ihr geschickt wurde, da

begleitete ich sie mit eilenden Schritten durch die Gassen Churs und hinaus über die Felder voller Kühe und Ziegen und bis zu den Frauen, die ein Kind erwarteten. Meist musste ich da in der Küche still sitzen und vertrieb mir die Zeit, indem ich durchs Fenster blickte und beobachtete, wie das Licht im Raum je nach Bewölkung und Wind wechselte. Wenn niemand hinsah, kritzelte ich mit einem Stift heimlich die sorgenvollen Gesichter der Frauen auf ein Stück Papier, das ich aus Papas Arbeitszimmer mitgenommen hatte. Ich konnte es kaum erwarten, wieder zu Hause zu sein, um weiter zu zeichnen, weiter zu skizzieren – genau wie Vater es tat.
Viel lieber als bei den schwangeren Frauen saß ich im bischöflichen Schloss, während Vater die ernsten Männer in ihren schwarzen Gewändern porträtierte. Oder ich sah ihm zu Hause zu, wie er das kostbare Blau mischte, und mit einem zauberhaften Ocker die blassen Gesichter viel freundlicher gestaltete, als sie es in Wirklichkeit waren.

    Das wollen sie so, Angelika,
erklärte er mir,
        sie wollen besser aussehen als in Wirklichkeit –
        und genau das ist unsere Arbeit.

Und deswegen wurde Joseph Johann Kauffmann von überallher gefragt, ob er in dieser Kirche für den Kuppelchor ein Fresko malen oder ob er von jenem adeligen Herrn ein Porträt anfertigen konnte, und ich malte zur Übung mit.
Die eisigen Winter verbrachten wir bei Kerzenschein in unserem Wohnzimmer und warteten geduldig, bis die Sonne wieder hinter den Alpen erschien.

Mit jedem Frühling wirst du besser,
stellte meine Mutter fest, sah dabei kaum von ihrer
Lektüre hoch, während Vater zustimmend nickte. Ihr
Lob machte mich mutiger. Und mit dreizehn wagte ich
mein erstes Selbstporträt, später ein Porträt von Vater
und Mutter.

Die Churer Stube wurde uns bald zu klein. Wir reisten viel, und die Welt begann, sich zu öffnen. Meistens fuhren wir nach Norditalien, wo Vater verschiedene Aufträge erledigte, doch bald wurde uns die Strecke zu lang und zu lästig, also blieben wir ganz im Bistum Como. Täglich erhielt ich meine Cello- und Gesangslektionen, lernte die italienische Sprache, und abends leistete mir Vater Gesellschaft, um mich in den Grundlagen des Zeichnens zu unterrichten. Er gab mir kleine Aufträge, ich kopierte das eine oder andere Gemälde, machte Gipsabdrücke, Reliefs, Pastellporträts, und ich malte sogar den Bischof Monsignore F. Agistino Maria Neuroni, einer meiner ersten Aufträge.
Kaum ein Jahr war vergangen, da nahm sich Vater nicht nur am Abend, sondern ganze Nachmittage für mich Zeit. Er konnte sein Staunen über mein Können nicht verbergen, und ich genoss seinen Stolz.
Überhaupt war diese Zeit paradiesisch: das glitzernde Wasser, die eleganten Holzboote auf dem Lago di Como, das weiche Grün der bewaldeten Hügel, überall Oleanderbüsche und Lavendel in den Gärten der Palazzi, und hoch oben eine Sonne, die alles in die wärmsten Farben tauchte. Ich sah verzierte Prachtbauten, rosafarbene Villen, ging ins Theater und bestaunte die Säle mit

ihrem Prunk und Gold und die endlosen Reihen roter Samtsessel. Doch auch Como wurde uns bald zu eng, und so zogen wir weiter Richtung Mailand.
Die Stadt war voller Erlebnisse. Abends sang ich auf Soirees, und tagsüber besuchte ich mit Vater die vielen Kirchen, um die Gemälde der alten Meister zu studieren. Frauen war der Zugang zu den Akademien leider verschlossen, aber mein Vater hatte so seine Tricks. Über Beziehungen organisierte er persönliche Empfehlungsschreiben, die er an den Pforten weltmännisch hervorzog, und schon wurden uns, mit einer sanften Verbeugung, die Türen zu den schönsten Palästen und Galerien geöffnet.
Nach ein paar Monaten überbrachte uns der Hofbote ein Schreiben von höchster Stelle. Der Herzog von Modena hatte von meinem Talent erfahren, Prinz Rinaldo d'Este war neugierig geworden und wollte mich mit eigenen Augen sehen. In seinem Brief lud er uns auf den Hof ein, wo ich die Prinzessin malen sollte. Was für ein aufregendes Angebot, was für eine Gelegenheit!
Das Porträt gelang – und wie! Der ganze Hof war begeistert, und bald brachten uns die Laufburschen täglich neue Aufträge von Adelsdamen, die von mir porträtiert werden wollten. Sogar der Erzbischof und der Kardinal schrieben und schilderten mir ihre Bewunderung.
Ich war erst sechzehn Jahre alt, hatte alle Hände voll zu tun und verdiente den Unterhalt für die ganze Familie. Das Leben konnte beginnen. Doch das Leben kennt auch Verzögerungen.

Der Frühling lockte die ersten Narzissen und Krokusse an die Oberfläche, doch ich wollte ihre Schönheit nicht

sehen. Mutter lag seit Tagen im Bett, ein hartnäckiges Fieber schwächte sie zusehends, und die Farben verschwanden langsam aus ihrem lieben Gesicht. Auf Zehenspitzen lief ich durchs Haus und durfte ihr Zimmer nicht mehr betreten. Nach jeder Visite sprach der Arzt vor dem Schlafzimmer mit meinem Vater, jeden Tag flüsterte er etwas leiser, bis er ihm schließlich nur noch stumm die Hand schütteln konnte.
Cleophea Lutz, meine liebe Mama, verschwand am ersten März 1757 und riss die größte Lücke in unser Leben. Sie war unsere Musik gewesen, und jeder weiß, was es bedeutete, ohne Musik zu leben.
Um fortan den Schmerz zu umgehen, entschied ich mich für die Malerei, die Welt meines Vaters. Das Singen hatte zu meiner Mutter gehört, es war mir heilig, zu heilig, um damit Geld zu verdienen.
Niedergeschlagen kehrten Vater und ich in seine alte Heimat nach Schwarzenberg zurück. Doch dort angekommen, erkannte er sein Heimatdorf im Bregenzerwald kaum wieder.

    Vor zwei Jahren, lieber Joseph,
erklärte uns der Pfarrer bei einem Abendessen,
        hat ein Haus nahe der Friedhofsmauer Feuer gefangen. Es passierte am frühen Morgen, und zum Glück waren die meisten Bewohner mit ihrem Vieh draußen auf der Vorsäß, doch das Dorf brannte nieder, auch die neue Kirche.
Der Pfarrer senkte den Blick, und ich wusste, was nun kommen würde.
    Joseph Johann Kauffmann,
fuhr er tatsächlich fort,

der Kirchenrat möchte Sie gerne offiziell beauftragen, den Neubau zu gestalten.
Vater sagte zu, das heißt, eigentlich sagten wir beide zu. Er malte die Kreuzwegstationen und das Sterben des heiligen Joseph am Seitenaltar, und ich die zwölf Apostel und den heiligen Paulus. Seit diesem Auftrag gab es keine Zweifel mehr: Ich war eine Malerin geworden – ich war das, wofür mich die Götter bestimmt hatten. Vater und ich reisten fortan den Aufträgen nach, wir logierten in den Höfen von Fürsten und Königen, waren zu Gast bei Grafen und Bischöfen, ich wurde Ehrenmitglied der Accademia Clementia in Bologna und der Accademia del Disegno in Florenz. Aber ich blieb stets zurückhaltend, weil ich wusste, wie sehr die Männer ihren Stolz und ihre Verbünde zu schützen pflegten. Meine Höflichkeit und meine Bescheidenheit ließen sie glauben, dass ich keine Konkurrenz für sie sei.

    Dabei bin ich der weibliche Raffael,
dachte ich im Heimlichen,
    bereit, nach Unsterblichkeit zu streben.
Ich wurde Mitglied der angesehenen Accademia di San Luca, also schien es nur richtig, dass Rom auch unser neues Zuhause werden sollte. Eine Stadt voller Kunst. Vater organisierte unser Leben, ordnete die Aufträge und Treffen, forderte die Gelder ein, besorgte Farbe, ließ die Leinwände beziehen. Und ich malte. Wie eine fleißige Ameise porträtierte ich in Rom gut zahlende, englische Reisende, damit sie zu Hause mit den schmeichelnden Gemälden ihre Weltgewandtheit behaupten konnten. An einem warmen Julitag saß mir sogar der Schauspieler David Garrick als Modell gegenüber, ein schöner

Mann mit enormem Einfluss, denn plötzlich trafen vermehrt Briefe aus London ein, selbst ernannte Kunstliebhaber, die mich baten, das Englische Königreich doch endlich zu besuchen.
Zugegeben, ich war der Porträts etwas überdrüssig geworden, immer mehr interessierten mich auch andere Motive, historische Szenen oder die Mythologie.
Es war auf einer langen Rückreise aus Neapel, ich grübelte gerade über die möglichen Darstellungen von Amor und Psyche, als sich meine Begleiterin Lady Bridget Wentworth vielsagend räusperte.
   Miss Kaufmann,
sagte sie schließlich schelmisch,
      ich werde nächste Woche zurück ins Königreich reisen, und ich sehe, dass Sie mit Ihren Studien etwas festgefahren sind. Ich weiß auch, dass man sich im kultivierten London nichts sehnlicher wünscht, als die talentierte Miss Kaufmann endlich als Gast zu empfangen.
Ich blickte auf und wusste sogleich, dass sie mich überzeugt hatte.

Ich reise ohne Vater und ohne große Erwartungen, aber was für ein Empfang!
Schon vor meiner Ankunft war mein Ruf in London groß gewesen, aber durch meine Einreise wurde er noch größer. Täglich besuchten mich Ladys und Gentlemen in meinem Atelier und baten höflich, aber hartnäckig darum, von mir porträtiert zu werden.
Ich war ein öffentliches Ereignis. Zahlreiche Zuschauer drängten sich in mein Arbeitszimmer, standen auf

Zehenspitzen, reckten die Hälse, nur um mich malen zu sehen. Frauen fächerten sich Luft zu, es wurde geflüstert und manchmal sogar vor Begeisterung geseufzt. Zur Unterhaltung ließ ich mir während der Arbeit gerne von den zu Porträtierenden vorlesen, Shakespeares Hamlet oder The Tempest, damit ihre Gesichter ein wenig lebendiger wirkten.

Wenn ich fertig war, kamen die Gemälde in ein zweites Zimmer, wo sie in Ruhe besichtigt werden konnten. Im dritten Zimmer meiner Residenz bewahrte ich Materialien und Kleidung auf. Und im vierten Zimmer schlief ich. Ich verdiente gut, ich verdiente geradezu britisch und – wie mir Lady Bridget Wentworth einmal erstaunt verriet – offenbar gleich viel wie meine männlichen Kollegen.

Als Vater endlich in London eintraf, mieteten wir ein Haus am Golden Square, das schnell zum Treffpunkt der Gesellschaft wurde. Sir Reynolds und auch die Gebrüder Giuseppe und Antonio Zucchi besuchten uns regelmäßig zu Diskussionen und langen Dinners; drei kunstbeflissene und gut gekleidete Männer – und nicht ohne Absichten. Ich war mittlerweile fünfundzwanzig geworden und merkte natürlich, wie gewisse Herren nicht nur meine Begabung, sondern auch meinen Körper umschwärmten. Insbesondere der Maler Joshua Reynolds besuchte mich täglich, nahm meine Hand und küsste sie in ungesehenen Momenten voller Inbrunst.

 Miss Angel,
flüsterte er mit zitternden Lippen,
  Ihre Gunst wäre mir das größte Geschenk.
Doch etwas ließ mich vorsichtig sein: Wie konnte eine

Ehe funktionieren, wenn beide malen wollten? Ich hätte mein angeblich so ungeheuerliches Talent aufzugeben, hätte Pinsel und Reißfeder zur Seite zu legen, um Kinder auszutragen oder Gesellschaften zu empfangen. Ich lehnte seinen Antrag schweren Herzens ab, Joshua war nicht der Richtige.

Doch da tauchte Graf Frederick von Horn auf, dieser leidenschaftliche Schwede, ein politischer Flüchtling, wie er selber sagte, was für ein mutiger Mann. Frederick eroberte mein Herz im Sturm, seine Blicke zerrissen mich, seine plötzlichen Küsse ließen mich schwindeln.

Es war ein kalter, nebliger Novembertag im Jahr 1767. Wie zwei törichte Kinder schlichen Frederick und ich durch die Straßen Londons und huschten in die Kirche, um heimlich zu heiraten. Doch meine kopflose Freude sollte sich rächen. Nur zwei Tage nach unserer Hochzeit war es morgens auffallend ruhig in unserem Haus, und als ich beim Personal nach Frederick fragte, hieß es nur verwundert, der Herr sei kurzfristig abgereist. Und er hatte, wie ich bemerkte, meine gesamten Ersparnisse mitgenommen.

Wieder einige Tage später traf ein Brief des echten Grafen Frederick von Horn ein – und dieser erklärte, dass der Mann, den ich geheiratet hatte, in Wahrheit Brandt heiße und ich wohl einem üblen Schwindler zum Opfer gefallen war.

Die Wut kochte in mir. Mein dummes Herz hatte mich betrogen. Ich ließ die Ehe sofort gerichtlich annullieren und schwor mir, nie wieder einem blitzartigen Gefühl und den Versprechungen eines Mannes zu trauen.

Böse Zungen sprachen davon, dass die ganze Sache von

neidischen Malerkollegen inszeniert worden sei, um meinen Ruf zu schädigen, aber das Gegenteil geschah: Die Londoner Gesellschaft interessierte sich nun erst recht für meine Person. Als Ehrengast wurde ich zu Soireen eingeladen, auf der Straße wurde ich respektvoll gegrüßt, ich erhielt täglich Dutzende von Briefen, Einladungen, bewundernde Worte und Aufträge.
Mein Ärger verschwand, und umso schneller verschwand er, wenn ich mich selbst malte. Die Selbstporträts waren meine liebsten Spiegelbilder. Sie schärften mir den Blick auf mein Dasein. Darin war ich aktive Künstlerin und passives Objekt zugleich – ich war und schuf ein Gesamtkunstwerk.

Im Winter 1768 erreichte mich ein weiterer offizieller Brief. Eine Royal Academy wurde in London gegründet, und ihr Präsident war niemand Geringerer als mein Bewunderer und treuer Freund Sir Reynolds. Diese Royal Academy bat mich förmlich, eines ihrer ehrenvollen Gründungsmitglieder zu werden, und ich sollte mich mit meinen Werken an der Eröffnungsausstellung beteiligen. Eine große Ehre, wie ich fand, die aber durchaus noch größer hätte sein können. Mary Moser und ich, die einzigen Frauen der Royal Academy, waren zu den Meetings nämlich nicht zugelassen und gaben bei Entscheidungen nur brieflich unsere Stimme ab.
Und uns war das Aktstudium verboten. Offiziell. Kein Wunder, dass die Gerüchteküche wieder zu brodeln begann.

   Miss Angels Modelle,
hieß es etwa beim Nachmittagstee,

>haben für ihre Skizzen nicht bloß Arme und
>Beine freigelegt,

und ein aufgeregtes Raunen ging durch den Raum.

>Und ich habe gehört,

wurde in den Gesellschaften weiter geflüstert,

>>ihr Vater sei nicht bei allen Studien anwesend
>>gewesen, so wie es Vorschrift war,

worauf wiederum vielsagende Blicke ausgetauscht wurden.

Um den ganzen Tratsch noch zu befeuern, verhöhnte mich der neidische Nathaniel Hone auf einem seiner Gemälde, indem er mich sehr unvorteilhaft abbildete. Diese Frechheit konnte ich unter keinen Umständen dulden, also reichte ich bei der Academy sofort Beschwerde ein und drohte, meine Gemälde aus der Ausstellung zurückzuziehen, sollten sie auch das erbärmliche Werk des Einfaltspinsels Hone ausstellen. Und ich gewann. Meine Ehre war ihnen wichtiger als Hones kindische Pinseleien.

Trotz dieser lächerlichen Streitereien war ich ganz und gar in London angekommen. Ich las Shakespeare und malte, wie die Fantasie sein Grab schmückte, ich las Laurence Stern und malte die irrsinnige Marie. Ich arbeitete überhaupt sehr viel und bis zur Erschöpfung – porträtierte trauernde Frauen, Kalypso, Penelope, ich schuf antike Szenen, und die Leute konnten nicht genug davon kriegen. Die ganze Welt war verrückt nach mir.

Meine Zukunft war weit offen, und die würde ich mir durch keine launischen Gefühle oder Familienpläne verbauen lassen. Amor sollte mich nie mehr hinterrücks treffen. Aber da mein Vater schon in die Jahre gekommen war, drängte er mich, vorzusorgen – und ich entschied mich nach reiflicher Überlegung für unseren lieben Freund Antonio Zucchi. Die Argumente sprachen deutlich für ihn: Ich kannte ihn seit Jahren, er war ein talentierter, erfolgreicher Kollege, er schätzte meine Arbeit, ohne neidisch zu sein, er besaß ein eigenes Vermögen und kam aus meinem geliebten Italien. Zudem wollte er keine Kinder und war bereit, einen Ehevertrag zu unterschreiben, der mir versicherte, dass ich allein über mein Vermögen und alle Einkünfte bestimmen konnte.

Wir unterschrieben diesen Vertrag am 10. Juli 1781. Vier Tage später heirateten wir in der Kapelle der kaiserlichen Botschaft, und nur ein paar Tage später packten wir unsere Sachen.

London hatte sich verändert. Seit die Stuarts vom Thron vertrieben worden waren, kam es immer wieder zu Rebellionen, Tumulten und lauten Versammlungen. Die Kavallerie wurde aufgeboten, weil wütende Menschenmengen auf Marktstände, Kutschen und Fensterscheiben einschlugen – es war höchste Zeit, wieder südwärts zu reisen.

Unser Gepäck, den größten Teil meines Materials und mein Cembalo schickten wir über den Seeweg nach Rom, während wir in Etappen reisten, da Vater sehr schwach geworden war. Wir fuhren über Gent, Brüssel und Antwerpen, dann nach Thionville, um meinen Onkel zu besuchen, und schließlich nach Vorarlberg in unser geliebtes Schwarzenberg, wo wir einen Monat pausierten.

Als Vater wieder bei Kräften war, brachen wir Richtung Trient auf und besuchten schließlich Verona und Padua. Dort trafen wir Antonios Brüder, gemeinsam reisten wir nach Venedig, wo ich zum Ehrenmitglied der Accademia gewählt wurde. Doch selbst bei den Feierlichkeiten war mein Herz wie aus Stein. Eine kalte Vorahnung beschwerte es.

Der kalte Nebel der Lagunenstadt machte uns zu schaffen. In den Gassen sah man keine zwei Meter weit, die Gondolieri auf den Kanälen waren wie Geister und nur dank ihrer Rufe auszumachen. Vater war in den letzten Tagen immer dünner und blasser geworden. Ich machte mir Sorgen, also beschlossen wir, bis April in Venedig zu bleiben. Doch Vater sollte seine geliebten Frühlingsfarben nicht mehr sehen.

Am 11. Januar saß ich an seinem Krankenbett und hielt seine Hand. Er öffnete die Augen, lächelte und bemühte sich um ein Flüstern.

  Leben ist wie Träumen,

sagte er langsam, und ein letztes Mal war ich das Kind, das den väterlichen Worten lauschte,

  Angelika, du kannst alles sein.

Er schloss die Augen für immer, und ich besiegelte seine Worte mit einem Kuss auf seine Stirn. Es brach mir das Herz. Er hatte mir alles beigebracht, von nun an hatte ich meinen Weg, ohne ihn zu gehen. Und dieser Weg war ohne Rast. Ich fand kaum Zeit zu trauern. Der Sohn der Zarin Katharina besuchte mein Atelier, kaufte Bilder, was in ganz Venetien wiederum eine Flut von Aufträgen auslöste. Antonio und ich waren kaum aus Venedig abgereist und in Neapel angekommen, da wollte

auch schon die Prinzessin Izabella aus Polen ein Gemälde von ihrer Tochter, während Maria Karolina von Neapel und Sizilien gleich ein Familienporträt bestellte. Ich malte wie vom Wahnsinn angetrieben, und ich tat es gerne, denn ich wusste:
> Dein Leben geht nur so weiter, Angelika,

und ich wusste zudem:
> Mit dieser Arbeit hast du dir die Freiheit erkämpft.

Ich hatte genügend Geld, und konnte selbst darüber bestimmen, ich durfte reisen, traf geistreiche Menschen und sah die Welt. Trotzdem sehnte ich mich allmählich nach einem festen Zuhause.

Es war Liebe auf den ersten Blick, als ich in der Via Sistina bei Santissima Trinità dei Monti vor dieser Villa stand, ein Anwesen, auf dem früher Anton Raphael Mengs sein Atelier hatte.
Die Zeit der großen Reisen war vorbei, fortan lebten Antonio und ich unseren Traum in Rom weiter, umgeben von chinesischem Porzellan, Silber und Seidentapeten, inmitten kostbarer Möbel, Bücher und Bilder.
Wir besaßen eine Kutsche, eine Köchin, ein Zimmermädchen und zwei Diener.
Künstler aus allen Ländern besuchten unser Anwesen oberhalb der Spanischen Treppe; Literaten, Philosophen, Bischöfe, Adelige, alle wollten in unserem Salon ein und aus gehen, alle wollten unsere Kunstwerke und Sammlungen bestaunen, unsere Statuen und Büsten, unsere Rembrandts und van Dyks. Doch unter all diesen Schätzen war ich der größte Stern am römischen Himmel.

> Buongiorno, Signora Kauffmann,

erklang es in den Straßen.
Jedes Kind kannte mich, jeder Mann grüßte mich, und jede Frau wollte von mir gemalt werden. Aber ich war Mitte vierzig und müde geworden, einzig meine verheißungsvollen Zukunftsahnungen trieben mich noch vorwärts. Ich war eine antike Sibylle – so sah ich mich, so malte ich mich in ihrem Gewand. Die Weissagende, die kultivierteste Frau Europas, wie es hieß, eine Tochter Apollons, die an der ewigen Quelle der Fantasie wohnt.

> Ein unglaubliches und als Weib wirklich ungeheures Talent,

sagte auch mein teurer Freund Goethe, als er im Oktober 1786 völlig überraschend in Rom auftauchte. Dieser Schelm war von seiner Kur in Karlsbad geradezu geflohen; er wollte wohl weg von der Langeweile im Norden, auch weg vom tristen Hof in Weimar, und natürlich weg von einer komplizierten Frau. Der Bursche hatte es faustdick hinter den Ohren, und das mochte ich. Wir sprachen ganze Nachmittage über seinen Egmont, oft las er mir aus seinem neuen Stück Iphigenie vor, oder er klagte mir auf sehr unterhaltsame Weise sein ewiges Liebesleid. Der Gute tat sich offenbar äußerst schwer mit gewissen römischen Frauen.

> Ach Angelika,

seufzte er oft, wenn wir durch den Garten schlenderten,
> keine ist so interessant wie du.

Der alte Schmeichler, ich musste ihn einfach malen. Als ich ihm das fertige Porträt jedoch präsentierte, rümpfte er die Nase und studierte es gespielt von allen möglichen Seiten, bis er sagte:

> Es ist immer ein hübscher Bursche, aber keine Spur von mir.

Er zuckte mit den Schultern, worauf ich ihm mit den Worten meines Vaters einen zusätzlichen Stachel setzte:

> Sie wollen immer alle besser aussehen als in Wirklichkeit, und genau das ist meine Arbeit,

scherzte ich, mein Freund lachte laut und schlug vor, doch endlich zum Rotwein überzugehen.

Er versüßte mir die Zeit sehr, und ich war traurig, als er abreiste. Trotz seiner Briefe vermisste ich ihn und unsere sonntäglichen Treffen. Also pflanzte ich zu seinem Andenken einen Piniensprössling in meinem Garten. Einmal mehr war die Malerei das Einzige, das half. Ich malte weiter, um mich zu erinnern an die glücklichen Tage in Chur und Como, an meine singende, liebe Mutter und an den stolzen Vater. Und ich malte weiter, um zu vergessen, etwa diesen elenden Krieg, den Frankreich vom Zaun gebrochen hatte und der nun ganz Europa in Unruhe versetzte.

Und ich malte auch weiter, um einen erneuten Verlust zu verarbeiten. Mein lieber Ehemann Antonio starb an Weihnachten, und dieser Schmerz überstieg alles bisher Gekannte.

Zum Glück hatte ich mein eigenes Vermögen, sonst wäre mir als Witwe nur die Armut geblieben. Aber so ging mein Leben im gleichen Takt weiter: Ich reiste wieder vermehrt, traf Freunde gegen die Einsamkeit, wusste aber sehr wohl, dass auch ich nicht mehr lange leben sollte. Einmal mehr sah ich bewusst in die Zukunft und verfasste am 17. Juni 1803 mein Testament. Mein Haupterbe vermachte ich der Verwandtschaft in Schwarzenberg, der ganze Rest sollte an mein liebes Personal in Rom gehen.

Mein Leben war wie Träumen. Vater hatte recht, ich konnte alles sein – aber das bedingte auch, immer genau zu wissen, was ich wollte.

Ich veranlasste, dass ich nach meinem Tod in Sant' Andrea delle Fratte neben meinem Antonio begraben wurde. Und ich notierte die genauen lateinischen Worte, die auf meinem Grabstein stehen sollten.

Und tatsächlich: 1807 brachte die Akademie am Seiteneingang meiner Grabstätte eine Marmortafel an.

> *Hier liegt begraben, Angelika,*
> *Tochter des Johann Joseph Kauffmann*
> *aus Schwarzenberg,*
> *welcher der höchste Ruhm in der Malerei den*
> *Anspruch auf ein Ehrengrab*
> *im Pantheon-Tempel eingebracht hat.*

Ja, meine Porträtbüste steht im Pantheon in Rom. Ich wusste von Anfang an, wo ich hingehörte. Und da bin ich jetzt. Im Pantheon neben Raffaels Kopf. Ich!

Marie-Guillemine Benoist, *Portrait de Madeleine,* 1800

MADELEINE

Ich bin die Revolution

Die grauen Gewitterschleier über dem Karibischen Meer, die Kistenstapel am Hafen, das Geschrei der Möwen, die um Fischreste kämpfen, die schützenden Tücher um die Köpfe der Frauen, Mutters weiche Oberarme, die Sonne in Weiß, die Sonne in Gelb, die Sonne in Blutrot und das endlose Sternendach über Guadeloupe – das alles war ich einst.

> Du bist die Tochter einer Mutter, die Tochter
> einer ▇▇▇▇▇▇,
> deren Mutter übers Meer auf diese Insel ge-
> schleppt wurde,

erklärte mir ein Mann beim Hafen, wo die Schiffe vor Anker lagen, und der Feldarbeiter deutete auf seinen deformierten Arm, machte mit dem Mund ein knirschendes Geräusch, um mir das Brechen und Knacken seiner Knochen zu imitieren, er hob schließlich sein Hemd und zeigte mir die länglichen Narben am Rücken, bis meine Mutter mich wegzog.

> Du bist in dieser Sache gefangen,

sagten mir die müden Frauen in den Baracken aus Holz,

wo sie sich Arme und Beine wuschen, während im Eintopf Fisch und Kartoffeln und Bananen kochten.
> Du bist die Tochter einer Sklavin, also bist du eine Sklavin,

wiederholt diese ewige Stimme in meinem Kopf,
> > ein Kind, das zusammen mit den anderen Frauen und Männern auf der Plantage Zuckerrohr erntet, ganz egal, was einst aus dir werden wird und wohin du einst gehen wirst, du bist und bleibst die verschwitzte Haut unter der prallen Sonne, du bist unsere rauen Hände, unsere kaputten Rücken, du bist die Summe unserer Narben, du bist eine ▬▬▬▬, unfrei, weil dir von morgens bis abends gesagt wird, was du zu tun hast.

Nur in deinen Gedanken nach dem Aufwachen, in diesem leeren Moment hinter den Augenlidern, kurz bevor du dich der Welt öffnest, da existiert dieser eine Tag, an dem dir nichts gesagt würde, an dem nur Mond und Sonne dir sagen, wann du zu schlafen und wann du zu wachen hättest. Aber in Wirklichkeit sagen sie dir den ganzen Tag, was und wo und wie du bist und zu sein hast. Und sie sagen dir immer etwas anderes.
Aber Madame sagt und Monsieur sagt und Solitude und ihre Mutter sagen, die Maroons sagen, der Nationale Kommissar für Guadeloupe sagt feierlich, der Kolonialverwalter Victor Hugues sagt, die Revolutionäre in der französischen Heimat hätten gesagt, die Menschenrechte besagen jetzt, ich sei frei. Das besage schon das Dekret von 1794, und zwar ganz offiziell, das komme von höchster Stelle, aber dann kamen die Briten mit ihrer

rot-weiß-blauen Flagge, die Arbeiter, die kurz zuvor als freie Menschen von den Zuckerrohrfeldern gelaufen waren, kämpften jetzt plötzlich draußen bei Saint-François und vor Point-à-Pitre geeint mit den französischen Truppen um ihre Freiheit – oder den Tod.

Als es dann ruhiger wurde und am Horizont keine britischen Flaggen mehr zu sehen waren, schliefen wir abends trotzdem noch in den Baracken und gingen tagsüber aufs Feld, wohin sollten wir auch sonst gehen?

Nun gab es dafür einfach etwas Lohn. Aber das Essen blieb das gleiche. Und die Narben blieben sichtbar. Und das Zuckerrohr wuchs einfach weiter.

Einige gingen davon, andere kamen zurück, und eines Tages kam der Plantagenbesitzer mit einem Verwalter zu mir, der sagte, ich sei eine schöne ▮▮▮ und er hätte eine andere Arbeit für mich, weil die Madame des Monsieurs Schiffszahlmeister aus Frankreich nach einer Dienstmagd suche, und die habe explizit nach einer jungen, ansehnlichen ▮▮▮ verlangt, also sagte ich Ja.

Ich sagte auch Ja, als ich ihr Haus in Basse-Terre besuchte und mich Madame von Kopf bis Fuß begutachtete und dann feierlich fragte, ob ich bei ihnen bleiben wolle, ich dürfe das ganz alleine entscheiden, da ich schließlich keine Sklavin mehr sei, sondern eine freie Bürgerin der Republik Frankreich. Obwohl es eine Frage war, klang es nicht wie eine Frage, also nickte ich, worauf sie antwortete, dann sei ich jetzt die Dienerin von Monsieur und Madame Benoist-Cavay, Staatsdiener und Schiffszahlmeister der neuen, freien Republik Frankreichs im schönen Guadeloupe, und hier geriet die Madame mit ihrer piepsigen Stimme ins Schwärmen:

Ein wahrhaftiges Paradies mit Hügeln und Vulkanen und einem Meer in Türkis, mit schönen, starken Menschen, liebenswürdige ▮, und mit Feldern, auf denen kostbare Güter wuchsen, Zuckerrohr und Bananen und Kaffee und Muskat und Vanille und Zimt – diese Wunder der Natur, die gut verpackt verschifft werden können, außer den süßen Früchten leider, aber die restlichen Güter verehre Europa, vor allem ihr geliebtes Frankreich sei natürlich eine Nation von Genießern, bezahle gutes Geld dafür, und darum hätten ihr Mann und sie dieses Bedürfnis Frankreichs zu ihrem Auftrag gemacht.
Also sei auch ich jetzt gewissermaßen eine stolze Dienerin der Republik Frankreich, eine ▮-Dienerin, aber kein dickes Kindermädchen, keine Nounou, sondern eine schlanke Dienerin mit Turban und Schürze, die den Esstisch deckt und mit Blumen verziert, die in der Küche Früchte schneidet und Tee kocht. Eine Dienerin, die ihr, der Madame Schiffszahlmeister Benoist-Cavay höchstpersönlich, die Haare kämmt, sie ankleidet, ihr die Röcke und Betttücher wäscht.
Das sei ich.

Ich sei ein verdammtes Glückskind, sagten die Frauen auf dem Markt beim Hafen, wo ich als Kind unter den Ständen herumgekrochen war, um Fisch- und Gemüsereste einzusammeln, wo ich nun mehrere ganze Hühner und bis zu acht Fische kaufte, je nachdem, wie viele Gäste das Ehepaar empfing. Sie sagten es auch später beim Blumenmarkt neben der Kathedrale und zeigten mir zusehends, wie sehr sie mich ablehnten.
Die jungen Feldarbeiter meinten zähneknirschend, ich

sei immer gut aufgehoben, und sie schimpften über den
neuen Gouverneur Edme Desfourneaux und seine Steuer,
die ihnen die Plantagenverwalter vom Lohn abzogen.
Die Maroons sagten vermutlich, ich sei unfrei und gefangen bei den Weißen Spitznasen, die selber nicht wissen,
ob sie Feind oder Freund sein wollten.
Aber alle sagten, es sei ein elendes Hin und Her auf dieser Insel, und es wäre kein Wunder, wenn nicht bald
wieder die britische Flagge am Horizont auftauchte oder
noch Schlimmeres.
Wieder andere sagten, ich glaube wohl, ich sei etwas
Besseres geworden, vor allem seit Madame bei einem
Abendessen verkündet hatte, sie würde zusammen mit
Monsieur die Fracht nach Le Havre begleiten, um der
Heimat einen längst fälligen Besuch abzustatten. Also
ließ mich Madame den Überseekoffer packen, und wir
fuhren frühmorgens nach Pointe-à-Pitre, von wo das
Segelschiff Richtung Osten auslief.
Die Tage auf dem Meer waren fürchterlich, ich war verloren und schlief unter Deck in einer Hängematte. Das
Holz knarrte, und es roch nach Salzwasser und Pisse.
Der Horizont war eine endlose Linie, die sich hob und
senkte – doch nachts war alles eine schwarze Leere, einzig das Licht der Gestirne leuchtete uns den Weg, als ob
uns Gott mit seinen Funken trösten müsste.
Umso größer war die Erleichterung, als eines Tages erste
Möwen über uns kreisten und die Küste ankündigten.
    Willkommen in Europa, Madeleine,
sagte Monsieur Benoist nach dem Frühstück an der
Reling zu mir und zeigte mit dem Finger auf die kaum
sichtbaren Erhebungen am Horizont.

Zuerst Portugal, Spanien und dann unser geliebtes Frankreich, die Spitze mit Brest und schließlich Le Havre,
erklärte er mir und sah mich von der Seite an.
Hier bist auch du zu Hause, Madeleine.
Er glaubt seine Lüge selbst,
dachte ich damals, und in diesem Moment trat Madame mit bleichem Gesicht neben uns. Die Wochen auf See hatten ihr zugesetzt, die Schatten unter den Augen waren tiefer, das Kleid war sichtbar weiter geworden.
Liberté, Égalité, Fraternité,
flüsterte sie leise, und dabei war nicht deutlich, ob in ihrer Stimme mehr Angst oder Stolz mitschwang.

Le Havre war ein Schwarm aus Menschen und Gütern und Kutschen. Überall war Betrieb. Überall war es laut. Während Monsieur mit den Fracht-Dokumenten seinen Geschäften nachging, um die Ware auf die Treidelschiffe zu verladen, packten die Arbeiter die Koffer der Herrschaft auf eine Kutsche. Der feste Boden unter meinen Füßen ließ mich schwindeln, trotzdem half ich Madame in die Kutsche, wo sie vor Erschöpfung sofort einschlief. Ich nahm hinten auf dem Kutschbock Platz, und als Monsieur von der Hafendienststelle zurückkam, fuhren wir los. Die Kutsche ratterte davon, verließ den hektischen Umschlagplatz, und bald umgab uns ruhigeres Land. Die Pferde zogen uns der Seine entlang über Felder und durch Dörfer. Die Luft war kalt, die Bäume und Wiesen trugen andere Farben, rochen anders, und der Himmel schien immer leicht gräulich – das war nicht mein Zuhause, wie konnte Monsieur so was behaupten?

Die Menschen erschienen blass und krank wie Madame auf dem Segelschiff. Manchmal rannten Kinder aus den Siedlungen lange hinter dem Fuhrwerk her, sie winkten, schrien und streckten uns die Zunge heraus. Die meisten Bauern sahen beiläufig von ihrer Feldarbeit hoch und erstarrten nur kurz bei meinem Anblick.

Du bist eben etwas Besonderes,
meinte Madame stolz, als wir in einem Gasthof einkehrten und einige der Angestellten große Augen machten. Sie wiederholte diesen Satz immer wieder, und erst als die Häuser größer, die Straßen breiter und geschäftiger wurden, schien sich niemand mehr für mich zu interessieren.

In Paris wurden wir im Haushalt von Monsieurs Benoists Bruder untergebracht. Monsieur Vincent empfing uns sehr herzlich, und insbesondere seine Frau Madame Marie-Guillemine konnte, wie die Kinder auf den Straßen, die Augen nicht von mir lassen. Zugegeben, es war ein gegenseitiges Schauen. Nicht nur ihr wallendes Haar fiel mir sofort auf, sondern auch ihre Hände, auf denen seltsame weiße und rote und blaue Flecken zu sehen waren. Wäre sie nicht so lebhaft und neugierig aufgetreten, hätte man beinahe an eine sonderbare Krankheit denken können, die sich die Herrin des Hauses eingefangen hatte. Nachdem ich Madames Garderobe im Gästezimmer eingerichtet hatte, zeigten mir die Hausangestellten meine Kammer, die Küche und alle Zimmer, zu denen ich Zugang hatte. Meine Madame und Monsieur Benoist waren tagsüber meist außer Haus mit offiziellen Treffen und Konversationen beschäftigt, abends wurden sie zu Soireen eingeladen. Also half ich in der Küche mit, machte die Wäsche

oder saß stumm in einer Ecke neben dem Feuer, wo ich
Kleider ausbesserte oder die Kämme wusch.
Die Herrin des Hauses indes, Marie-Guillemine, schien
nichts von den vielen Einladungen zu halten. Wenn
die anderen Herrschaften voller Aufregung zu den Rencontres fuhren, ließ sich Madame entschuldigen und
schloss die Tür zum Arbeitszimmer hinter sich zu. Oder
sie streifte wortlos durchs Haus, als suchte sie nach
einer verlorenen Sache.
Regelmäßig glaubte ich sie vor meiner Kammer vorbeihuschen zu hören. Eines Nachmittags kam sie zweimal nacheinander in die Küche, um frisches Wasser zu verlangen,
wobei sie ihre Augen auf mir ruhen ließ und nachdachte.
Ihr Schauen hatte etwas von dem der Seemänner in Guadeloupe, die vor den Schenken am Hafen herumstanden und
nach einem Mädchen Ausschau hielten, das sie am Arm
packen können. Ihr Blick war mir unangenehm, doch als
ich kurz hochsah, lächelte Madame und sagte:

    Ach, wie ich Guadeloupe vermisse, und wie sehr
    Du es erst vermissen musst, Chère Madeleine.
    Paris ist so kalt und grau und unfrei, nicht wahr?

Dann verschwand sie wieder in ihrem Studio.
Am nächsten Tag erschien Madame Marie-Guillemine
wieder in der Küche, verlangte nach Wasser, ließ draußen ihre Pinsel von einer Küchenhilfe auswaschen,
während sie mich beobachtete.

    Du bist eine Schönheit, Madeleine,
sagte sie fast flüsternd –
    weißt Du das?

Worauf sie aus der Küche stürzte, als fliehe sie vor etwas.
Am nächsten Morgen wurde es noch sonderbarer. Nach-

dem ich meine Madame fürs Frühstück angekleidet und
das Bett wieder hergerichtet hatte, klopfte es an der Tür
meiner Kammer. Der älteste Kammerdiener stand da
und reichte mir mit strengem Gesicht ein weißes Kleid
über die Schwelle.

> Zieh das an und erscheine umgehend in Madame
> Benoists Arbeitszimmer,

befahl er. Ich nickte und schloss die Tür. Mit wachsender Unsicherheit hielt ich den hellen Stoff von mir weg.
Im Studio von Madame Marie-Guillemine standen viele
Bilder und Leinwände herum, Staffeleien mit Skizzen
oder mit Stoff verhüllte Rahmen füllten den Raum. Das
Zimmer war hell, die Morgensonne fiel durchs Fenster
und auf die Wand, vor der ein bezogener Sessel stand.

> Setz Dich bitte, Madeleine,

sagte Madame und bereitete hinter einer Leinwand Pinsel und Gläschen vor. Ich setzte mich vorsichtig.

> Ich möchte Dich gerne porträtieren, Madeleine.
> Du bist wunderschön, und eine Herausforderung.

Ich tat, als verstünde ich nicht, faltete die Hände auf
meinen Schenkeln und wartete.

> Schau mich an,

sagte sie.
Ich schaute sie an.

> Sehr gut.

Sie kratzte mit einem Stift auf der Leinwand herum, sah
angestrengt zu mir, sah auf die Leinwand, sah wieder zu
mir und kippte ihren Kopf hin und her, als könnte ihn
nichts jemals vom Körper trennen.

> Zieh Dein Überkleid aus und lege es über die
> Rückenlehne.

Ich tat, wie sie mir befahl.
> Öffne das Kleid und lass es bis unter Deine Brust fallen.

Ich tat, wie sie mir befahl.
> Nur über die rechte Brust, ja, dort halte es fest.

Ich tat, wie sie mir befahl.
> Schau mich an, Madeleine.

Ich tat, wie sie mir befahl.
> Du bist ein Meisterwerk,

sagte Madame und begann zu arbeiten.

> Nein,

dachte ich derweil,

> ich bin die entblößte Brust der stillenden Mütter zwischen dem Zuckerrohr, ich bin die, die wie eine Wildkatze unter den Marktständen lauert, bin die, die sich nicht bewegen darf, außer ich nicke, ich bin die rauen Hände, die vernarbten Rücken, ich bin die Schmetterlingsinsel, ich bin der Kampf um die Freiheit mit Macheten und Messern, ich bin die Rückkehr aufs Feld.

> Nicht bewegen,

murmelte Madame vor sich hin. Ich sei schwierig zu malen, aber darum ginge es ja, nur ein Genie könne meine Haut, mein Wesen, die Kontraste, das Licht, den Glanz, ja, könne all das wiedergeben, ich sei eine echte Prüfung.

> Nein,

dachte ich derweil,

> ich bin der Hieb auf den Arm des Arbeiters, aber auch ein Gegenschlag in das geschminkte Gesicht, bin die Wucht auf den gepuderten Schädel, das

dumpfe Knacken von Knochen unter dem wallenden Haar, bin das leblose Zusammensacken.
Außerdem sei es wichtig, das neue Frankreich abzubilden,
sagte Madame weiter,
die Freiheit der neuen Citoyens. Die Frauen der Kolonien. Die ▇▇▇▇▇▇▇▇.
Ihr Vater habe seinen Töchtern, also ihr und ihrer Schwester Marie-Elisabeth, erlaubt, eine Ausbildung zu wählen, also hätten sie sich für die Malerei bei Madame Élisabeth Vigée-Lebrun entschieden, eine Meisterin der Porträtkunst. Sie sei seit dem Sturm auf Versailles im Exil und noch nicht zurückgekehrt.
Hier schwieg Madame, als fürchtete sie, etwas Falsches zu sagen.
Aber das sei jetzt vorbei und ich glücklicherweise zu einer ruhigeren Zeit in Frankreich eingetroffen.
Ich bin das Fallbeil in der Guillotine,
dachte ich und saß weiter still,
ich bin das geschliffene Messer, das über dem zarten Hals wartet, bin Zischen des Fallschwertes, bin die Trennung von Haut und Muskeln und Genick, bin der Korb, in dem der gekämmte, frisierte Kopf verschwindet, ich bin der Boden, in dem das Blut versickert. Ich bin die Stille danach.
Madame malte.
Madame ist eine Malerin,
dachte ich.
Und ich sei eine ▇▇▇▇▇▇.
Dabei bin ich die Leere, die durch ▇▇▇▇▇▇ schleicht, der leise Wind, der durch ▇▇▇▇▇▇ weht, der endlose

Schmerz, der durch ▮▮▮▮ geht. Ich bin die Auslassung, das Schweigen. Wenn ich laut sage, was ich bin, schwärzen sie mir später die Wörter wieder weg, entfernen ▮▮▮▮, machen den Mund zu einem stummen Loch, machen die Zeilen zu kleinen Gräbern, die sich rechteckig ins Papier schaufeln und auf deren Grund meine Ausdrücke begraben liegen, sooft ich sie auch in die Welt werfe: ▮▮▮▮, ▮▮▮▮, ▮▮▮▮, ▮▮▮▮!
Sie zerlöchern meine Geschichte, bis das Entfernte mehr wiegt. Bis mein Leben hinter dieser Hässlichkeit verschwindet und alle nur noch das Fehlende sehen.
Ich will sagen, was ich bin.

So ging der Morgen vorüber, und Madame Marie-Guillemine tat nichts anderes als schauen und malen und reden und wieder schauen.
Ihr Schauen war wie das Schauen aller zusammen: das Gieren der Männer im Hafen, das Begutachten durch den Plantagenbesitzer und den Verwalter, das Mustern der Madame, das Gaffen der Kinder und Bauern auf der Landstraße, das Staunen in den Gasthöfen und zuletzt das suchende Schauen und Fragen hinter der Leinwand.
Sie fragte nach meiner Mutter, nach unserer Zeit auf der Plantage, sie wollte von den Aufständen wissen, ob die Arbeiter nach dem Dekret der Befreiung die Felder verlassen hätten. Sie wollte von Victor Hugues heroischen Kämpfen gegen die Briten erfahren und wie wir die neue Freiheit auf Guadeloupe erlebten, ob wir uns seither als Franzosen fühlten und wie sich dieses nationale Gefühl genau zeige. Worauf ich Madame stets höflich antwortete, ich wisse nicht viel, und so log ich ihre Fragen wortkarg weg.

Ohne Reaktion saß ich da, weil Madame es mir so gesagt hatte.

Am nächsten Tag tat ich dasselbe. Ich beherrschte mich, ich hielt alles aus, damit sie mich anschauen und malen konnte. Sie verdoppelte das, was ich war, und sperrte es bewegungslos auf eine Leinwand.

Eines Tages, Wochen nachdem ich aufgehört hatte, für Madame reglos im Arbeitszimmer zu sitzen, fragte sie mich, ob ich mich sehen wolle.

Da war ich nun.

Ich starrte auf mich selbst, die mich anstarrte.

Madame Marie-Guillemine berührte meinen Oberarm und flüsterte erwartungsvoll:

> Das bist du, Madeleine. Es wird im Louvre ausgestellt werden, es wurde offiziell ausgewählt für den Pariser Salon 1800. Du kommst in den Salon Carré zu all den Kriegern, Soldaten, Königen, Heiligen und Marien. Ist das nicht aufregend?

Sie machte eine Pause, in der sie offenbar eine Reaktion erwartete. Aber ich blieb regungslos, wie mir befohlen worden war.

> Madeleine, du bist eine Figur des Umbruchs,

sagte sie mit geweiteten Augen.

> Du bist die Revolution in Rot, Weiß, Blau – das neue Frankreich, das freie Frankreich.

Ich lächelte, nickte und ging Stufe um Stufe hinunter in die Küche, wo Arbeit auf mich wartete.

Eugène Delacroix, *Jeune orpheline au cimetière,* 1824

MÉLIE

Nicht der Tod

Er bringt mir den Tod,
dachte ich sofort.
Den Tod und sieben Francs.
Paris war eiskalt. Und das Jahr noch jung. Erst vor wenigen Tagen haben sie Mama ohne großes Aufsehen unter die Erde gelegt.
Jeden Tag schaute ich bei ihr vorbei im großen Garten des Père Lachaise, wo sie die meisten Toten in unserem Arrondissement vergraben.
Eine so große Fläche für so wenig Tote,
dachte ich damals und grübelte weiter darüber nach, wie lange die Totengräber wohl noch Arbeit haben würden. Niemals würden sie diese ganze Friedhofserde aufbrauchen können, vermutete ich. Andererseits ist die Erde unter Paris bestimmt sowieso voller Toter, überall Knochen unter Kleiderfetzen, Schädel und Skelette, und nur die steinigen Grüfte und Gräber halten ihre Überreste zurück, während die Geister nachts frei umherziehen.
Wenn der letzte Flecken im Garten voller Menschen ist – wer wird hier alles begraben sein?

Mein Grübeln ließ mich noch mehr frieren.

    Die erste Tote war ein fünfjähriges Mädchen,
hat mir Mama einmal gesagt.

    Die kleine Adélaïde, der erste ewige Gast auf
    dem neuen Père Lachaise,
hat sie geseufzt und schnell den Kopf geschüttelt, als
könnte sie so ihre Tränen vertreiben, worauf Papa nur
seltsam grunzte, weil er ihre Sentimentalitäten nicht
mochte und weil Papa damals noch lebte.

Ich erinnere mich, dass ich daran dachte, wie einsam es
für das Mädchen dort sein musste, ein so kleines Kind
und so viel Friedhof ringsherum, aber jetzt gab es hier
immerhin schon viel mehr Dinge, mit denen ein fünfjähriges Geistermädchen spielen konnte. Der Schuppen der
Totengräber, die Leichenhalle, kleine Mausoleen und
viele Kreuze und Steine.

Mama hat kein Kreuz und auch keinen Stein, sie hat gar
nichts.

Ich weiß nicht mal sicher, ob sie tatsächlich hier begraben liegt oder ob sie nicht doch woanders ihren Totenschlaf schläft. Vielleicht haben die zwei Männer, die sie
schnell in ein Tuch gewickelt und weggebracht haben,
auch gelogen, als sie beim Raustragen gemurmelt haben:

    Père Lachaise, vermutlich.

Aber mir gefällt dieser Ort, die Ahorn- und Kastanienbäume beschützen die Toten, außerdem kann ich hier
gut von Grab zu Grab gehen und die Menschen wenigstens um ein paar Centimes anbetteln. Auf Friedhöfen
geben die Leute gerne etwas Kleingeld. Bei den ganz
frischen Grabhügeln geben sie meistens mehr, zumal sie
sehen, dass ich traurig bin oder wenn ich ihnen sage,

dass meine Mutter auch hier bei den Toten unter der
eisigen Erde liegt. Obwohl ich das ja nicht genau weiß.
Eigentlich sollte sie ja im Himmel sein.
Dafür haben wir schließlich jeden Abend gebetet.

Als der Tod zu mir kam, war es Februar.
Ein halb grauer Tag. Der Frost glitzerte auf der frischen
Erde und klebte an den verwelkten Rosen. Mittag war
schon vorbei, und ein beißender Wind wehte von allen
Seiten. Also kauerte ich mich für einen Moment in den
Windschatten eines Grabhäuschens, zog die Beine unter
den Rock und schlang den Wollumhang fest um mich.
Wo sollte ich sonst hin? In ein Waisenhaus? Die waren
nicht für alle da.
Oder zu Gott? Aber wie kam ich dorthin?
> Wie ist es da, wo du jetzt bist, Mama?,

fragte ich sie manchmal vor dem Einschlafen, und das
fragte ich sie auch dort in der Nische des Grabhäuschens, weil meine Arme und Beine schon ganz müde
waren von der Kälte.
> Ist es schön da, Mama?
> Ist es wie der Himmel in den Gebeten, oder ist es
> die lodernde Unterwelt?

Beides ist auf jeden Fall besser als dieses leidvolle
Dazwischen.
> Ich will zu dir kommen, Mama, jemand soll mich
> bitte abholen.

Ich wartete, und die Welt wurde greller. Etwas drückte
gegen meine Augen. Ich blinzelte, und Tränen zuckten
hervor. Dann trat ein Schatten vor mich.
> Du suchst die Einsamkeit?,

fragte der Schatten und war plötzlich ein Wesen mit
knochigem Gesicht und dunklen Locken.
 Mama hat mich gehört,
dachte ich sofort,
  sie hat mein Flehen erkannt und Gott gebeten,
  mir ein Schattenwesen zu schicken, und dieser
  dunkle Geist überbringt mir jetzt den Tod.
  Oder er ist der Tod höchstpersönlich.
Eine edle Krawatte, goldene Knöpfe, ein schöner Anzug.
Es stimmte also.
 Keine Sorge, Liebling,
hat Mama oft tröstend gesagt,
  der Tod kommt immer in einem schönen Gewand.
Da stand er jetzt vor mir und sah mich mit seinen dunklen, flinken Augen an, ein Augenpaar, in dem die Finsternis wohnte und das die Welt nach etwas durchsuchte.
Aber da war noch mehr: Unter dem Arm hielt er eine
Art Tafel, die er wie ein Buch aufklappte. Er trat näher
heran und fragte, ob ich Hilfe bräuchte.
Doch ich getraute mich nicht zu erklären, dass mir ein
schnelles Sterben sehr helfen würde, also sagte ich aus
reiner Gewohnheit:
  Nein danke, Monsieur, außer ein bisschen Geld
  vielleicht.
Er nickte und fragte, ob ich mich nicht anders hinsetzen
wolle, so vielleicht, so wie er es sage. Und den Umhang
bitte öffnen, und das Hemd links über die Schulter,
genau so – und in dieser Position solle ich bitte bleiben,
dann würde er mir sieben Francs geben.
Schon wollte ich mir die Tränen aus dem Gesicht wischen, doch das erlaubte er nicht.

Also tat ich, was er wünschte.
Behutsam setzte er sich auf eine nahe Steinplatte, klappte die Mappe auf, nahm einen Stift aus seinem Beutel und begann zu zeichnen.

> Der Tod pflegt seine Opfer zuerst zu zeichnen,

vermutete ich zögerlich,

> er zeichnet sie, damit die Welt sich an sie erinnert.
>
> Hat er Mama auch gezeichnet, bevor er sie mitgenommen hat?
>
> Aber wieso sucht sich der Tod seine Sterbenden auf dem Friedhof aus?

Er hat mich auf jeden Fall gefunden. Trotz der Kälte blieb ich geduldig, bis er seine Arbeit erledigt hatte, bis er meine sterblichen Linien aufs Papier gebracht hatte. Zwischen den Linien vermischte er einige Farben.
Weiß und grau und blau war der Himmel über mir, das weiß ich noch genau. Ich schaute die ganze Zeit zum Himmel, ich wollte mich an ihn erinnern.

> Ein allerletztes Mal den Himmel sehen,

dachte ich.

> Ich warte. Und der Tod arbeitet.

Ich getraute mich nicht, ihn direkt anzublicken, ich fürchtete sein mageres Gesicht.
Seine finsteren Augen würden mich verschlucken, vermutete ich – doch ich merkte, dass ihn etwas quälte.
Die Stille störte ihn.
Er versuchte, mir etwas zu sagen, unterdrückte die Worte, bis es ihm nicht mehr gelang, und wie aus dem Nichts sprach der malende Tod in fremder Zunge:

»Mir ward ein Traum, der völlig Traum nicht
war:
Erloschen war der Sonne Schein; die Sterne
bewegten trüb sich durch den ew'gen Raum,
Strahllos und pfadlos; und die eis'ge Erde
Trieb blind und schwarz durch mondesleere
Luft.
Der Morgen kam und ging, doch wards nicht
Tag.«

Er schwieg und wechselte schwungvoll den Stift.
Finsternis,
flüsterte er und sah mich eindringlich an.
Lord Byron,
sagte er schließlich.
Ich staunte, dass er mir seinen Namen verriet, also entgegnete ich:
Et je m'appelle Mélie, Monsieur.
Worauf er zu lachen begann.
Hatte ich ihn verärgert?
Würde er mich nun nicht mitnehmen und hier in Paris
zurücklassen?
Mein Atem flatterte, ich wollte zu Mutter, ich wollte
endlich tot sein – und doch, war ich mir nicht mehr ganz
so sicher.
Nein,
sagte er jetzt,
diese Zeilen sind von Byron, ein hervorragender
Dichter, ein Poet wie Shakespeare oder Dante –
und ein großer Kämpfer für Griechenland.
Er zeichnete und sprach gut gelaunt weiter.

Er schrieb dieses Gedicht im Jahr ohne Sommer,
als sich unser Himmel für lange Zeit verdüstert
hat.
Die Sonne war verhüllt, schien ausgelöscht. Wie
ein böser Traum. –

Natürlich, Monsieur, wie ein böser Traum,
wiederholte ich schnell und schaute prüfend zum Himmel, der mir nun nicht mehr so dunkel erschien – in den
ich sowieso nicht so bald kommen würde, da ich den
Tod mit einem falschen Namen beleidigt hatte.

Ich, Mademoiselle,
sagte das Wesen mit den funkelnden Augen feierlich,
ich heiße Eugène Delacroix.
Er senkte sein Werkzeug und winkte mich zu sich.
Als ich mit Vorsicht näher kam, zeigte er auf das Blatt.

Und das bist du,
sagte er und hielt es eine Armlänge von sich weg:

Das ist wahre Trauer.
Er lächelte und griff kurz nach meinen Fingern.
Unmöglich. Der Tod hat keine warmen Hände.

Ich mache das zu Hause fertig,
sagte er nachdenklich.

Vielleicht bringe ich dich sogar noch auf ein
größeres Bild,
in eine gigantische Szene eines Massakers, das
Massaker von Chios.
Du darfst gerne für eine zweite Sitzung in der
Rue de Furstenberg vorbeikommen. Weißt du, wo
das ist?
Ich nickte erstaunt.
Der Tod wohnt nicht in Paris.

Und er lud mich auch nicht zu sich nach Hause ein.
Ich wusste, dass ich heute nicht sterben sollte.
Er griff in seine Westentasche und fischte nach Geld.
>Sieben Francs, wie versprochen,<
sagte er und ergänzte mit gerunzelter Stirn:
>Kauf dir an der Rue Bagnolet was zu essen und etwas Warmes zum Anziehen. Es ist sehr kalt, sonst holst du dir noch den Tod.<
Ich zog mir den Umhang wieder über die Schultern.
>Ja, Monsieur,<
antwortete ich.
Er hatte es plötzlich eilig.
Mit wenigen Handgriffen packte er seine Sachen zusammen, dabei hatten seine gierigen Augen bereits einen neuen Menschen im Blick. Kaum hatte er alles verstaut, rannte er an den Grabsteinen vorbei zu einem jungen Mann. Aus der Ferne sah ich noch, wie sie miteinander sprachen, dann setzte sich der Junge auf eine Grabplatte und ließ sich ebenfalls zeichnen.
Weit über ihnen zogen die Wolken vorbei. Erste Sonnenstrahlen stachen durch die graue Decke und trafen endlich auf die Erde. Die Grabreihen leuchteten.
Ich sah auf die sieben Francs in meiner Hand.
Dieser Mann war nicht der Tod. Er war etwas anderes.
In Gedanken versunken ging ich Richtung Rue de Bagnolet. Ich würde mir eine heiße Suppe kaufen.
Und weiterleben.

Édouard Manet, *Olympia,* 1863

VICTORINE-LOUISE MEURENT UND LAURE

Weitersuchen

Mir geht das echt zu langsam.

Was ist denn, Laure?

Die wissen doch gar nichts! Eine mickrige Adresse in Paris, einen Vornamen. Sie suchen zwar ein bisschen in Privatsammlungen und Dorfmuseen, durchstöbern verstaubte Archive, lesen Notizen und Briefe. Aber sie wissen viel zu wenig! Komm schon, Victorine. Wie lange stehen wir jetzt hier schon rum?

Ich liege seit, na ja …

Viel zu lange hängen wir hier zusammen fest, und die Welt weiß nichts über mich.

Es stimmt schon, selbst ich habe für Pariser Verhältnisse sehr lange überlebt, aber meine Geschichte – und dann erst meine Bilder.

Komm mir nicht wieder damit, diese Geschichte erzähle ich mittlerweile besser als du.

Dann bitte schön.

Du bist Victorine Louise Meurent, ganz Paris wusste, was du warst – und doch erzählten sie sich lieber ihre Version: Ein Straßenmädchen. Eine Prostituierte, aber das stimmte nicht. Manets Geliebte, erfunden. Alkoholikerin und jung gestorben, alles gar nicht wahr!

Genau, ich habe so viel mehr aus mir gemacht. Von Beginn an war ich umgeben von Kreation: Der Vater arbeitete als Bronzegraveur, die Mutter war Hutmacherin und mein Onkel ein angesehener Bildhauer. Es ging immer darum, etwas zu erschaffen. Meine Eltern merkten schnell, dass ich gerne musizierte, zuerst übte ich noch auf der alten Geige meiner Mutter, später ersteigerten sie mir auf dem Sonntagsmarkt eine Gitarre. Und in nur wenigen Monaten lernte ich mehrere Lieder und zog damit durch Paris.

Schon da warst du kaum zu übersehen, meine Liebe, ich sah dich regelmäßig bei meinen Ausflügen mit den Kindern, einmal auf der Île de la Cité oder am Ufer der Seine, aber meistens hast du vor dem Nouvelle Athènes gespielt, dem Pigalle oder dem Deux Moulins. Die Cafés waren damals ideal, um ein paar Francs zu verdienen.

Ja, ich war viel auf der Straße, aber ich war nie ein Straßenmädchen, und trotzdem wurde ich täglich auf diese Weise angesprochen:

> Wie viel, damit du mitkommst?,

zischte etwa ein Spaziergänger, der wie zufällig mehrmals musternd an mir vorbeilief.
> Hast du ein Zimmer im Hotel Les Bains?

Oder:
> Du gefällst mir, komm mit!

Das war das Übliche, was ich damals in den Cafés zu hören kriegte, aber
> Nein

war meine einzige Antwort.

Als ich etwa sechzehn war und im Athènes gerade zwei Chansons zu Ende gespielt hatte, kam ein Herr mit Schnauzer und dunklen Augen auf mich zu und fragte, ob ich für ihn Modell stehen wolle, gegen Bezahlung. Ich zögerte, der Herr bemerkte seine Unhöflichkeit und hob den Hut.
> Thomas Couture, Mademoiselle,

sagte er schnell und setzte den Hut wieder auf.

Ich zögerte immer noch, doch als er mit gedämpfter Stimme klarstellte, dass er nicht das wollte, was vermutlich alle anderen von mir wollten, ging ich mit in sein Studio. Ich mochte diesen hellen Raum. Und es war einfach verdientes Geld.

Ich tat, was Thomas sagte, und beobachtete ihn bei der Arbeit. Ich studierte die Skizzen an den Wänden, all seine Versuche auf den Staffeleien, die zierlichen Linien, noch unsichere Formen, die immer kräftiger und irgendwann zu einem Frauengesicht, einem Herrenhemd oder einem Sommerkleid wurden. Während zwei Jahren besuchte ich Thomas regelmäßig; er war gut zu mir, weil er mich meistens in Ruhe ließ.

Aber es ist nicht sein Verdienst, dass wir jetzt hier zusammen festhängen. Erzähl von Édouard, von diesem Nachmittag, als das Wetter umschlug, als dieser elende Dauerregen endlich verschwand und Paris schlagartig lebhaft wurde. Du weißt schon.

Gut, ich war wie üblich wegen ein paar Francs mit meiner Gitarre unterwegs. Ich ging über die Pont au Change und steuerte auf den Palais de Justice zu. Neugierig drückte ich mich dort an den Menschen vorbei, schlich mich hinein –

Als du plötzlich am Arm festgehalten wurdest!

Genau! Völlig ratlos stand ich im überfüllten Palais de Justice – und mir gegenüber: ein Herr, den ich nicht kannte. Er studierte mich aufmerksam von Kopf bis Fuß. Ich wollte ihn schon mit einem deutlichen Nein abwimmeln, als er hastig gestand, er habe mich auf Coutures Skizzen gesehen und wiedererkannt – wegen meiner Größe und der roten Haare. Thomas hatte mich offenbar seinen Künstlerkollegen weiterempfohlen. Doch dieser Herr wirkte viel kleiner und stämmiger als Thomas. Verlegen strich er sich über den Bart, räusperte sich und sagte:
    Édouard Manet.
Seine Stimme war dabei sehr rastlos, als hätte er es wahnsinnig eilig.

Oh, das stimmt, Édouard wollte tatsächlich nie Zeit verlieren, so war er auch bei mir. Er lud dich in sein Atelier ein, und du hattest dich sofort hinzustellen, nicht wahr?

Dabei gab es dort so viel zu entdecken. Die vielen
Drucke, Bleistiftzeichnungen, die Umrisse von Pferden,
Promenaden mit dunklen Baumreihen – aber mitten an
der Wand hing etwas, das von Anfang an meine ganze
Aufmerksamkeit fesselte: die Rötelzeichnungen einer
nackten Frau.
Sie lag auf einem roten Bett, der rechte Arm war auf
ein weißes Kissen gelehnt, während die linke Hand
sanft auf dem Oberschenkel, eigentlich zwischen ihren
Beinen ruhte und so den Schoß bedeckte, erinnerst du
dich? Die Venus von Urbino.

Oh ja, natürlich.
    Dieser Körper,
dachte ich damals irritiert,
        alles in der Welt würde ich hergeben, um diesen
        Körper zu berühren.
Ein Feuer rann durch meinen Hals und fiel tiefer und tiefer in mich hinein. Ich konnte mich nicht mehr bewegen,
ich verbrannte. Édouard bemerkte mein Starren, ließ seine
Arbeit kurz ruhen und erklärte es mir sichtlich angetan:
    Die schöne Venus von Urbino, sie ist von Tizian;
    ich habe sie in Italien gesehen und intensiv
    studiert.
Dann betrachteten wir die Frau gemeinsam, ihre helle
Haut, die offenen Formen, der unklare Blick, und er fragte:
    Was meinst du, Victorine, ist dieser Blick fragend
    oder auffordernd oder abwartend?

Mich hat der dasselbe gefragt, aber ich fand, dass nichts
davon zutraf.

Und ich schwieg, weil ich es einfach nicht wusste. Ich wusste nur, dass ich sie verehrte, wie sie sonst wohl nur von Männern verehrt wurde.
Und Édouard gestand leise:
> Sie ist einzigartig. Ich wünschte, ich hätte sie gemalt.

Siehst du Victorine, da haben wir es wieder: Kunst versucht immer, etwas zu spiegeln. Manchmal ist es die Natur, die Küsten und Wälder, manchmal sind es Menschen, Bauern, Cafébesucher, elektrisierende Frauen, und manchmal sind es eben andere Kunstwerke – die vielen Bilder in Kirchen und Galerien.
> Tizian und Raffael, die Werke der großen Meister, sie sind unser Erbe,

hat mir Édouard mal gesagt.

Manchmal besuchte ich ihn nachmittags aus lauter Langeweile und verbrachte viele Stunden in seinem Atelier, so hatte ich genügend Zeit, seine Handgriffe bis ins Detail zu studieren. Bald verstand ich, wann er mich in welches Licht stellte, ich beobachtete, wie sein Blick hin- und hersprang, wie er sorgfältig die Farben mischte, und erkannte, wie wertvoll die Grundierung war. Ich lernte viel über das Schattenspiel auf Lippen und Wangen, über das fleckige Licht in den Trauerweiden und wie man das Rot und Weiß der Pfingstrosen aufzutragen hat.
Am Ende unserer Treffen waren wir beide erschöpft, er vom Sehen und ich vom Zuschauen. Und es kam vor, dass ich wochenlang nichts mehr von ihm hörte.

Ich sah Monsieur Édouard zum ersten Mal im Park, bei einem meiner Nachmittagsspaziergänge mit den Kleinsten der Familie. Schon eine ganze Weile beobachtete er mich von einer Parkbank aus. Dabei beugte er sich immer wieder über die Mappe auf seinen Beinen und zeichnete. Das war neu für mich. Und ein wenig unangenehm, also nahm ich den Größten bei der Hand und stieß den Kinderwagen schnell weiter.
Aber am nächsten Tag saß er wieder im Jardin des Tuileries. Offenbar hatte er auf mich gewartet, er wusste, dass ich mit den Kindern täglich von der Rue Rivoli herkam, die Allée de Diane entlangspazierte und schließlich zum Grand Bassin ging. Die ganze Zeit saß Monsieur Édouard dort im Schatten der Bäume und skizzierte die Parkbesucher.

Bei mir stand er an einem warmen Sommertag höchstpersönlich vor der Tür zu meinem Appartement in der Rue Maître Albert 17. Üblicherweise schickte er einen Boten, einen vorlauten Jungen aus der Nachbarschaft, doch diesmal kam er selber. Unruhig stand er da und wechselte von einem Fuß auf den anderen, dabei hielt er seinen Zeichenblock fest umklammert.

> Victorine, ich bin gerade von meinem Ausflug zurückgekommen,

begann er atemlos.

> Ich war mit meinem Freund Antonin in Argenteuil,

erzählte er weiter,

> und dort habe ich am Ufer der Seine eine kleine Gruppe von badenden Frauen gesehen,

> Nymphen, zauberhafte Geschöpfe,

und endlich kam er zum Punkt:

> Ich will dich genau so malen,

sagte er, nein, er müsse mich so malen, ergänzte er, auch wenn ihn die Kritiker deswegen zerreißen würden.
Er klappte seine Zeichenmappe auf und tippte mehrfach auf das vollskizzierte Papier.

> Ein Picknick, Victorine, ich stelle mir ein Picknick im Grünen vor,

sagte er aufgeregt und senkte seine Stimme:

> Oder eine Liebschaft mit vier Beteiligten, ein Akt mitten in der Natur.

Mein erstauntes Gesicht musste ihn mächtig amüsiert haben.

> Ja, du hast richtig gehört,

sagte er daraufhin lächelnd und fragte sofort schüchtern nach, ob ich damit ein Problem hätte.

Wie lustig.

Ja, ich musste ein Lachen unterdrücken und willigte natürlich ohne Weiteres ein. Das war immerhin besser, als vor betrunkenen, grölenden Männern meine Lieder zu spielen. Außerdem war mir ein paar Tage zuvor auch die letzte Gitarrenschülerin abgesprungen, und mit der Miete für den ewig drängelnden Monsieur Palatine war ich mächtig in Verzug.
Und was Édouard zu dieser Zeit nicht wusste: Ich hatte an einigen freien Nachmittagen selbst damit begonnen, Gladiolen und Mohnblumen, später sogar Passanten, Katzen und Hunde zu skizzieren. Ich dachte mir, ein

paar Tage in seinem Atelier würden mir sicher helfen, meine Technik zu verbessern.
Édouard malte mich zweimal in diesem Jahr – für *Déjeuner sur l'herbe* und dann noch einmal. Uns.

Monsieur Édouard lungerte zwar ständig im Park herum, aber erst nach einer ganzen Woche hatte er den Mut, mich anzusprechen. Er zog den Hut, stellte sich vor und fragte, ob ich ihn in seinem Atelier besuchen möchte. Ich hatte schon von anderen Kindermädchen und Hausangestellten gehört, dass die Pariser Künstler ganz wild darauf waren, Schwarze Menschen zu malen. Monsieur Édouard war sehr höflich und erklärte mir sein Vorhaben. Doch während er sprach, begannen die Leute im Park, sich nach uns umzudrehen, sie flüsterten, die Kinder quengelten, also sagte ich schnell zu. Hastig notierte er meine Adresse in seinem Notizbuch, damit er in den nächsten Tagen nach mir schicken konnte: Rue de Vintimille 11. Das war ja ganz in deiner Nähe.

Ja, ich kannte dich aus dem Quartier. Vom Sehen.

Und so ging ich schon am nächsten Sonntag ins Quartier des Batignolles und stand Modell für ihn. Ich muss zugeben, ich mochte es, wie er mich anschaute, weil er eben anders schaute als die meisten. Nicht abschätzig, nicht abweisend oder mit dieser Neugier, die oft mehr Gier und somit Lüsternheit war. Nein, immer wenn er mich malen wollte, ließ er mir über diesen Botenjungen ein sehr höfliches Briefchen zukommen, in dem er Datum und Uhrzeit des nächsten Treffens notiert hatte.

Das ging natürlich nur, solange Madame und Monsieur nicht davon Wind bekamen.
Mehrmals saß ich für ihn, und als ich an einem Sommertag wieder vorbeikam, hatte er sein Studio etwas umgestellt, er hatte ein Bett mit weißen Laken vorbereitet. Ich verstand sofort, was er wollte: Tizians Venus. Diese Idee kam ja auch keineswegs überraschend. Es war nur eine Frage der Zeit gewesen, bis Édouard sein großes Vorbild endlich in Angriff nehmen würde.

Bei der ersten Sitzung für die Venus war ich noch allein, ab dem zweiten Treffen warst du dann dabei.

Ja, an diesem Sommertag, als er die Liege vorbereitet hatte, es muss tatsächlich im Jahr 1863 gewesen sein, da kamst du nach mir ins Atelier.

Mein Vermieter Monsieur Paladine hatte mich aufgehalten. Du warst schon da und in deinen Händen dieser voluminöse Blumenstrauß – ich weiß gar nicht, wo Édouard den aufgetrieben hatte.

Ich erinnere mich gut, wie Monsieur Édouard schon während der Begrüßung mit seinen Erklärungen ausuferte, vermutlich wollte er dir die Hemmungen vor mir nehmen, aber da gab es nichts, was ich nicht schon gesehen hätte – und noch immer sehe.

Wenn jemand nach all den Jahren meinen Körper kennt, dann du, Laure!

Den Blumenstrauß hatte er übrigens vom Blumenhändler in der Rue de Provence. Ein Kunde hatte fünf Stück für die Premiere von Rigoletto in der Opéra National bestellt und dann doch nur vier gebraucht. Wie gesagt, ich kannte die vielen Skizzen zu Tizians Venus und wusste schon, was er vorhatte, er wollte das Bild nachahmen. Einfach anders. Einfach im Heute, mit Katze, mit dir und mir. Ich mochte die Idee.

Ja, Laure, ich auch, obwohl das später nicht alle Besucher des Salons so sahen. Die Besserwisser von den Journalen und Zeitungen hatten viel auszusetzen. Die Technik, die Farbe meiner Haut sei schlecht gearbeitet, ich sei zu weiß und zu blass, ich sei wie …

Eine Leiche. Stimmt ja auch: knochenweiß wie im Leichenschauhaus.

Aber dann hieß es wieder, die Fleischtöne seien schmutzig. Immerhin wurde das Bild im Salon de Paris ausgestellt und musste nicht in den Salon des Refusés wie unser *Déjeuner sur l'herbe* zwei Jahre vorher. Ein Skandal. Édouard war damals außer sich.
    Wie eine Ohrfeige, Victorine, das ist eine Ohrfeige, jammerte er tagelang, weil er glaubte, nur der offizielle Salon sei die wahre Anerkennung für einen Künstler. Tja, das *Déjeuner sur l'herbe* wollten sie nicht. Aber unser Bild wollten plötzlich alle sehen.

Natürlich wollten sie es sehen, Victorine. Die Männer wollen sich doch aufregen. Das wollen sie immer, diese armen Kerle. Es sind zerrissene Wesen. Im ewigen Kampf gegen sich selbst. Suchen stets einen Sündenbock für ihre Lust. Dabei ist es ganz egal, ob das schuldige Objekt aus Ölfarbe und Leinwand besteht. Hauptsache, nicht sie sind dafür verantwortlich.

Sie sagten, das Schlimmste sei nicht meine Nacktheit, nein: mein Blick. Wie ich schaue, das sei die Spitze der Anzüglichkeit.

Der Blick einer Prostituierten, eine Venus gewiss, aber eine Venus, der man abends auf den Trottoirs in Montmartre begegne. Diese Bezeichnung mochte ich am liebsten!

Diese Lügner! Aber richtig und falsch hat die Besserwisser wie Émile Zola, Edgar Degas oder Alfred Stevens noch nie interessiert.
Ich hatte auf jeden Fall genug davon, genug, immer nur gesehen zu werden. Ich wollte selber sehen, wollte die Welt ansehen und festhalten. Ich übte Linien und Perspektiven, studierte Umrisse, Bewegungen und das Abendlicht hinter der Élysée. Das Gitarrenspiel begann mich zu langweilen. Außerdem hörte ich doch, wie sie im Café de la Nouvelle Athènes hinter meinem Rücken lästerten. Oder wie sie die Köpfe reckten, wenn ich mich am Pigalle durch die Fußgänger dränge, um ein paar Francs zu erbetteln. Ihr Geflüster war immer zu hören.

Oh, und Paris kann hervorragend flüstern.
      Da ist sie ja, schau doch, sicher ist sie das,
      Manets Modell, die Kleine mit den roten Haaren,

zischte ganz Paris. Ich habe es selber gehört.

Die hehre Frau, in der die Flamme glimmt, schrieb doch dieser Zacharie Astruc in seiner kitschigen Versdichtung.

Oh, und Baudelaire meinte, du seist wollüstig wie eine Katze.

Schon gut, Laure, schön, dass du dich wenigstens amüsierst. Was soll ich sagen? Natürlich machten mir die Männer Avancen. Sie wollten mich für eine Liebesnacht, wie die Kameliendame von Dumas. Sie hatten tausend Fantasien und alles nur wegen diesem einen Bild.

Aber mit keinem von ihnen wolltest du ins Bett – und deswegen ging es erst richtig los. Ihre Beleidigungen wurden immer böser, sie nannten dich La Crevette oder La Glue, die Klette.

Ich hasste Paris und war froh, als sich mir endlich eine reizvolle Fluchtmöglichkeit bot: Die Theatergruppe des Impresarios Jacob Grau wollte nach Übersee, und weil ihm eine Musikerin abgesprungen war, hatte er noch eine Schiffskarte frei. Ich fuhr in die Vereinigten Staaten.

Ich wusste damals gar nicht, dass du weg warst.

Doch, und ich hatte immer mein Skizzenbuch dabei: in den Avenues und vor den Apartments, den Backsteinhäusern und Studios, in den Theatern und Parks. Anders als in Europa blieben die Passanten hier gerne stehen und blickten mir neugierig über die Schulter.

So vieles in dieser neuen Welt wollte gezeichnet werden:
die unzähligen Pferdekarossen auf dem Broadway und
der Fifth Avenue, die Reiterstatue am Union Square,
Gruppen von Kindern mit niedlichen Hüten, die Trinity
Church, die hohen Fassaden der Geldbanken und die
Drahtseile dieser neuen Hängebrücke, an denen unzähligen, emsige Arbeiter täglich entlangkletterten. Und
trotzdem war es nicht meine Welt, nicht meine Sprache.

Du hast Paris vermisst!

Ich hätte es nicht für möglich gehalten, ich kam zurück.
Aber ich schwor mir, von nun an ein anderes Leben
zu leben. Ich nahm Zeichenunterricht bei Etienne
Leroy, besorgte mir besseres Werkzeug und besuchte
die Académie Julian.
Nur noch einmal ließ ich mich von Édouard malen,
der alten Zeiten zuliebe und weil er so nett gefragt hatte,
außerdem war es ihm zwischenzeitlich sehr schlecht
gegangen.

Der arme Kerl hatte oft Fieber. Bei seinen vielen Bettgeschichten hatte er sich die Italienische Krankheit geholt, diese hässliche Lustseuche, die einem Pusteln und
Geschwüre bringt. Manchmal wirkte er mager und sterbenskrank, aber immer, wenn ich dachte, jetzt macht er
es nicht mehr lange, da erholte er sich wieder.

Das Modellstehen war für mich sowieso immer nur ein
Freundschaftsdienst gewesen. Die Liebe der Männer
hat mir wenig bedeutet: ihre Sprüche, die Handküsse,

das unauffällige Grapschen, das alles interessierte mich nicht. Überhaupt ließ mich alles Körperliche eher kalt – bis ich sie sah: Marie.

Ich mag diesen Teil, denn jetzt wird es spannend: Marie Pellegrin. Ein Engel auf der Bühne, eine Göttin in den Bars ...

Und ein Teufel im Bett. Wie eine spanische Prinzessin tauchte sie eines Abends in Montmartre auf. Ich schwöre, als sie den Raum betrat, änderte sich der Klang der Gläser, die Gäste dämpften ihre Stimmen, das Licht kippte ins Goldene, und sie durchschritt den Saal mit schwebenden Sohlen; ihre olivfarbene Haut, ihr blauschwarzes Haar – ich war verzaubert. Und sie mochte es, dass ich verzaubert war. Also waren wir es beide. Bald zog sie bei mir in der Rue Douai ein. Wir teilten uns eine Wohnung und ein Bett – und die Männerwelt konnte uns gestohlen bleiben.

Die große Pellegrin, die Tänzerin im Élysée.

Meine wilde Marie. Sie hat mir den Kopf verdreht, wie vielen anderen auch. Manchmal glaubte ich sogar, sie verdrehte sich selbst den Kopf. In gewissen Nächten verlor sie beim Kartenspiel so viel Geld, dass selbst ein steinreicher Pascha vor Neid erblassen musste, und wenn sie beim Kartenspiel viel Geld verloren hatte, trank sie umso mehr, und alle mussten mittrinken. Sie spendierte Cognac, Absinth und Zigaretten, und bald fehlte ihr noch mehr Geld, aber das war ihr völlig egal.

> Viva la Pellegrin,
> riefen sie ihr überall zu,
> la reine d'Élysée!

Aber sie lebte das Leben so kostspielig, dass ihr die Männer eben nicht ganz egal sein konnten. Sie ging doch mit diesem Fürsten nach Russland, nicht?

Obwohl ich dagegen war! Aber ihr Heimweh war am Ende zum Glück größer als die fünfhunderttausend Francs, die ihr der Fürst für die drei Jahre in Petersburg geboten hatte. Meine wilde Marie floh aus der Kälte und kam zurück nach Paris, zurück zu mir. Sie tauschte die prunkvollen Kammern des Palastes gegen unser Appartement im vierten Stock in der schäbigen Rue Douai, wo sie nach ihrer Rückkehr völlig erschöpft in unser Bett fiel und tagelang schlief – während ich malte. Natürlich malte ich auch sie, die schöne Pellegrin mit ihrem schwarzen, geflochtenen Haar und mit einem Palmzweig in der Hand – so stand sie mir für *Le Jour de Rameaux* Modell. Das erste Bild, das sie später wiederentdeckt haben. Ein Jammer, es waren doch so viele. Auch mein Selbstporträt etwa, das ich 1876 zum Pariser Salon einreichte und das sofort angenommen wurde – ganz im Gegensatz zu Édouards Gemälde.
    Wie eine Ohrfeige, Victorine, wie eine Ohrfeige, höre ich ihn schon jammern.

Es muss ihn zur Weißglut getrieben haben, dass die Werke seines ehemaligen Modells angenommen wurden und seine nicht.

Mir war das herzlich egal, endlich war ich eine offizielle Künstlerin. Ich wurde in die Académie des Beaux Arts aufgenommen, und im selben Jahr hingen meine Gemälde dann sogar neben denen von Édouard.
Oh, Laure, du hättest sein Gesicht sehen sollen, wie Édouard mit erhobenem Kinn den Raum betrat, seine Bilder suchte und sie ausgerechnet neben meinen fand. Und wer stand stolz davor? Ich.

Und was hat Monsieur Édouard gesagt?

Kein Wort hat er gesagt. Und als Model war ich auch nie mehr gefragt. Er war damals sowieso schon sehr krank. Die Syphilis fraß ihn sichtlich auf. Ein Wunder, dass er danach noch vier Jahre gelebt hat. Aber anscheinend hatte er vor seinem Tod noch genügend Energie, um in seinen Künstlerkreisen dafür zu sorgen, dass ich in Vergessenheit geriet. Von wegen, ich sei früh gestorben! Nur weil ich mich nicht mehr nackt für meine Kollegen ausziehen wollte? Ich wollte malen, mit meiner Marie in die Cafés gehen und Freunde besuchen.

Ich war auch froh, nicht mehr als Modell sitzen zu müssen. Irgendwann wurde die Sache ja auch langweilig.

Ich saß höchstens noch einmal für Toulouse-Lautrec oder Goeneutte. Meine eigenen Arbeiten waren mir viel wichtiger. Sechsmal stellte ich bei den Jahresausstellungen aus und wurde noch in die Société des Artistes Français aufgenommen. Gut, das Geld war immer knapp, besonders als ich mir an der Ofentür die rechte

Hand verletzte. In meiner Verzweiflung musste ich sogar
Édouards Witwe um Geld anflehen, aber die kalte Kuh
hat mir nie geantwortet.
Immerhin hatte ich Marie. Wir tranken, feierten, und wir
liebten uns. Manchmal musste ich vor den Cafés betteln,
manchmal stellte ich meine Gemälde aus, im Palais de
l'Industrie etwa, und manchmal verkaufte ich sogar eines.

Tut mir leid, Victorine, aber deine Geschichte hat gar
kein trauriges Ende.

Nein. Das kommt erst nach meinem Tod. Bis dahin ging
mein Leben weiter, wie ein Leben eben so weitergeht:
Ich wurde älter, wurde leiser, und irgendwann war die
Sache mit der wilden Marie zu Ende. Dafür traf ich eine
andere Marie, Marie Dufour. Sie schenkte mir die längst
nötige Ruhe. Nach ein paar Jahren hatten wir genug von
Montmartre und der Pariser Sippe, wir zogen zusammen nach Colombes und waren unsere eigenen Chefs
de la maison. Von wegen Straßenmädchen und Prostituierte! Marie verdiente ihr Geld als Sekretärin und Klavierlehrerin, und ich malte bis zu meinem Lebensende.
Dutzende Gemälde entstanden in dieser Zeit, und ich
habe gehofft, sie würden mich überleben.

Ich sage ja, sie suchen zu wenig! Ich sage es seit Jahrzehnten. Aber:
    Verschollen,
sagen die Fachleute.
        Keine Angaben, keine Schriften, leider keine
        Daten zu meiner Person,

heißt es.

Unbekannt. Eine Lücke in der Geschichte. Aber Lücken kann man füllen!

So vieles ist verloren. Am Ende sei unser ganzer Haushalt liquidiert worden, alle Bilder, meine Violine, sogar die Gitarre. Die Nachbarn in Colombes sagten wiederum, sie hätten alles, wirklich alles in einem großen Feuer verbrannt. Aber das kann nicht stimmen.

Sie wollten es nicht wissen. Es geht allein um den Willen. Meinen Namen und meine Adresse fanden sie ja auch nach Jahrzehnten plötzlich in seinem Notizbuch, weil sie ihn finden wollten.

Richtig, und sie fanden auch zwei weitere Gemälde von mir, *Le Briquet* und *Jup.* Ich sage dir, Laure, diese Geschichte ist noch nicht zu Ende.

Meine hat noch nicht mal richtig begonnen! Ich verlange, dass alle wie die Wahnsinnigen suchen, sie sollen mit derselben Energie suchen, mit der sie mich einst aus ihrem Blickfeld gedrängt haben. Hört ihr mich? Ich bin Laure. Und ich weiß: Da ist noch mehr. Ich hatte ein Leben. Ich habe eine Geschichte. Und die lasse ich mir nicht wegnehmen. Von keiner Autorin, keinem Maler, von keinem Bild. Ich bin Laure! Sucht weiter!

JOANNA HIFFERNAN

Schamlos in Weiß

Siehst du, James, jetzt steht sie doch wie eine dumme Geliebte an deinem Sarg, denken alle. Sogar mit einem Schleier aus schwarzer Spitze.
Das Haar darunter ist zwar nicht mehr ganz so rot wie früher. Dein geliebtes Grau holt eben alle ein, aber die Löwenmähne, die bleibt. Dabei bin ich doch nur ein Geist, bin bloß ein kalter Nebel, eine unheimliche Laune des Wetters, wie jene, die mir den Tod gebracht hat.
Nein, ich bin das nicht, die da am Sarg steht. Ich bin dir doch längst vorausgegangen, James, und ich kann dir sagen, es ist gar nicht so schlecht hier.
Immerhin hab ich dir Agnes und Charlie vorbeigeschickt, denen ich jetzt ein wenig über die Schultern schaue – nicht schlecht, mein Trick, oder? Fast wie bei diesen Séancen früher.
Sollen sich deine Trauergäste ruhig ein wenig gruseln. Ist das nicht die weiße Frau, ist die nicht vor sieben Jahren gestorben?
Doch, aber ich musste einfach kommen, bin sogar extra in deinem langweiligem Chiswick erschienen, um nochmals dein blasses Gesicht zu sehen. Ich wollte mich

James Abbott McNeill Whistler, *Symphony in White, No. 1: The White Girl,* 1862

gebührend verabschieden, auch wenn alles schon über dreißig Jahre her ist. Aber Trauer kümmert sich nicht um alte Vorfälle. Trauer kennt überhaupt keine Zeit. Dabei ging es damals doch gar nicht darum, ob mit Gustave etwas gelaufen ist. Es ging auch nicht um die Sache mit der schönen Tänzerin in Paris – na ja, höchstens ein bisschen. Aber prinzipiell ging es dabei ja immer nur um dich; um dich und deine Scham.
Diese Epoche war dir einfach zu viel. Diese Jahre mit ihren Wirren und Frauen und Freiheiten. Sie wuchsen dir über den Kopf. Schon 1861, als wir über den Winter in Paris waren und du mich für die erste Symphonie gemalt hast, bereits im braven weißen Kleid bin ich dir über den Kopf gewachsen.

> Großer Gott, sie ist eine lüsterne Schlafwandlerin oder eine frisch entjungferte Braut,

hieß es in gewissen Kreisen der Royal Academy.
Und obwohl du bei offiziellen Soireen allen Kritikern und Journalisten immer wieder versichert hast, ich sei bloß eine Frau im weißen Kleid vor einem weißen Vorhang, wusste ich sehr wohl, dass das eine Lüge war. Ein Ausweichen aus Scham. Ich wusste weit mehr über mich. Meine Haarmähne erzählte eine ganz andere Geschichte, das Brennen in meinem Inneren wollte mehr.
Und du wusstest das auch, James, du hast es genossen, und zwar ab dem ersten Moment in Soho, als ich mich im Studio an der Rathbone Place ins Morgenlicht gestellt habe. Auch später am Boulevard de Batignolles in Paris, und erst recht in deiner Wohnung hast du es genossen, in deinem Bett. Da verschwand die Scham plötzlich.

Aber nur, solange deine Mutter nicht in der Nähe war.
Die heilige Anna McNeill Whistler. Dann war ich plötzlich eine Teufelin, ein weibliches Unding, das sofort aus Lindsey Row geschafft werden musste, damit du das Familienhaus von Estrich bis Keller säubern und ganz der brave, unterwürfige Sohn sein konntest. Deine Angst war so groß. Und deine Scham gewann immer.
Aber am Schluss siegt sowieso nur der Tod.

Da liegst du nun aufgebahrt, der zurückhaltende Amerikaner James Abbott höchstpersönlich, ach James, ich mochte dich trotz allem ganz gerne, du kleiner Mann mit deiner hohen Stimme.
Du warst klug und talentiert und meistens anständig. Und ich weiß, du hast mich auch gemocht, vermutlich sogar geliebt – und zwar aus guten Gründen. Ich organisierte deine Verkäufe, korrespondierte mit Kunden, hielt die Finanzen in Ordnung, plante unsere Reisen nach Paris und in die Normandie. Nicht wahr, deine feurige Jo war nicht nur schön und witzig, sondern auch intelligent – und sie spielte gerne für alle den Clown, sang irländische Lieder zu später Stunde.
Zugegeben, manchmal war ich vulgär, aber wieso auch nicht? Wir lebten schließlich in den Sechzigerjahren.
Aber das Vulgäre hat dich gestört. Wie eine brennende Nadel ließ es dich zusammenzucken, wenn jemand Flüche ausstieß, von intimen Körperteilen redete oder öffentlich über sexuelle Praktiken sprach. Auch an Oscar Wilde hat dich plötzlich alles gestört, als du begriffen hast, dass unser talentierter Oscar Männer liebte.
Du hast dich sogar öffentlich über ihn lustig gemacht,

James Abbott, du warst ein Dummkopf! Ein unsicherer, peinlicher Junge, der plötzlich mit jedem Streit suchte. Starr vor Stolz. Ein Eisblock.

Mein Courbet war da ganz anders. Gustave liebte das Feuer, er hatte keine Angst davor, Leiber zu zeigen, die glühten und glänzten. Natürlich ließ ich mich von ihm malen. Wir verstanden uns sofort, seit diesem heißen Sommer in Trouville, als er im Hôtel Du Bras d'Or vor mir stand, die Haare ganz wild vom Spaziergang am Strand; er küsste meine Hand und fragte aufgeregt, ob ich ihm nach dem Besuch des Seebads zur Verfügung stünde. Ich war ganz gebannt von seiner Energie.

Du hast unsere Verbindung nie verstanden. Der lange, strenge Schatten deiner Mutter kühlte alle deine Leidenschaften. Aber ich war nicht mehr dein White Girl, dein blütenweißes Mädchen – ich war Venus und Juno in einer Person, ich wollte mehr sein, ich wollte vielseitig sein, eine nackte, glückliche Frau neben einer anderen nackten, glücklichen Frau, leidenschaftlich und frei, inmitten zerrissener Perlenketten. Liebende und Geliebte zugleich. Schluss mit dieser ewigen Sittsamkeit, raus aus allen hochgeschlossenen Kleidern, raus aus diesem steifen England.

Ich war nicht nur neugierig, sondern geradezu dankbar, als Gustave ein zweites Modell brauchte. Umgehend reiste ich nach Paris, als er mir schelmisch schrieb, er wolle mir die schönste Tänzerin der Opera vorstellen. Constance.

Ich habe es nie bereut, dieser Sommer in Paris war der beste meines Lebens. Weil er voller Menschen war,

James, nicht voller Schiffe, Brücken oder Kirchtürme im Nebel. Menschen!
Doch als du nach deinen sieben Monaten aus Chile zurückgekehrt bist, wolltest du fast ausschließlich Landschaften malen. Valparaíso hat dich noch langweiliger gemacht, noch trister, noch farbloser. Ganz wie deine Mutter, alles in Grau und Schwarz.

Ich weiß schon, James, es hat dir nicht gefallen, dass ich gerne bei Gustave in Paris war. Auch dass ich mit Constance war. Mit beiden. In diesem Fall war deine Kälte schlecht gespielt. Innerlich hast du gekocht.
Und du hast mir auch nie wirklich geglaubt, dass es nicht mein Unterleib war auf Gustaves Skandalbild.

> Meine Fotze, hörst du, wie vulgär ich bin, James?
> Zuckst du zusammen in deinem Sarg?
> Hörst du, meine Möse, nein, meine Muschi war es nicht!

Du hättest wissen müssen, wie lächerlich dieses Gerücht war. Du hättest meine delikaten Teile besser kennen müssen, allein schon die Haarfarbe. Aber manchmal wolltest du einfach ein Dummkopf sein. Die Kälte zwischen uns breitete sich aus, die Wärme für deinen Sohn aber blieb. Meine Schwester und ich sorgten gut für den kleinen Charlie, wir konnten ihn ja unmöglich bei dieser furchtbaren Pflegemutter lassen. Und dein Abenteuer Louisa war als Mutter sowieso undenkbar. Ich hingegen war eine gute Tante Jo.
Unsere Trennung war richtig. Nur aus Liebe zur Kunst posierte ich ein letztes Mal für deine dritte Symphonie zusammen mit Milly. Ich empfand schreckliches Mitleid

mit dir, es war fast, als versuchtest du, diesen Liebesakt nachzuempfinden, diesen Rausch – mein Sommer in Paris, bei dem du nicht dabei warst.

Aber James, du warst nicht Gustave. Und Milly war nicht Constance.

Ich war dir nie böse, James.

Du wurdest deine Scham einfach nicht los, genau wie du deine Mutter nicht loswurdest.

Aber das ist alles längst vergessen und vorbei.

Wenn dir der Londoner Nebel in die Knochen schleicht und dir einen Husten bringt, der erst wieder verschwindet, wenn du tot und still bist, dann zählen solche Sachen sowieso nicht mehr.

Und jetzt liegst du da in deinem Sarg in Chiswick, blasser und kälter denn je – bist selbst zum Nebel geworden.

Und ich bin tatsächlich traurig darüber. Trotz allem.

Gerne gäbe ich dir meine weiße Lilie mit auf den Weg.

Armer James, wie sehr du die wilden Farben gefürchtet hast.

Du wirst die Geisterwelt mögen, sie ist wie deine Kunst: Weiß, grau und schwarz – aber immerhin, James, immerhin.

Gustave Courbet, *Le Sommeil,* 1866

CONSTANCE QUÉNIAUX UND JOANNA HIFFERNAN

Ewig wir

Wir liegen im Erlebten
verwachsen findet es
Ruhe danach.

Doch wir hören euch
Herzschlag und Atem ihr
kriecht über Lippen
schleicht über Wangen
euer Spielfeld ist unsere Haut.

Ist es nicht der feinste
Monat in Paris?
Eine Leichtigkeit –
das Leben ab Juni
ist immer wie Luft.

Ein Sommer in London
wiegt schwerer.
Haben also Glück
mit Paris

oder
mit uns?
Mit beidem.
Und diesem Auftrag:
Wie Arbeit im Schlaf.

Lass uns einfach
kurz liegen so
liegen wir
ewig wir
zwei
nur wir
und
unsere Welt
hinter
geschlossenen
Türen und Augen.

Die kann er nicht
sehen und malen
niemand kann
sie würden es sowieso
nicht einsehen
niemand kann
blicken doch nur
an uns heran
und suchen
das Aufsehen.

Oh, die Herren
wie sie starren

später
wie sie glimmen
später
wie sie scheitern
innerlich
und
äußerlich
außer sich
genau deswegen
will Halil es –
will uns.
Aber sie sehen
uns nicht –
nur unser Bild.

Ach, soll er doch
dafür
hat er mich und dich ja
kommen lassen
dafür
haben sie uns ja
und
haben wir uns ja
ein Glück
hat er uns beide
hat er dich und mich
auch noch
bin froh
sind wir beide
gekommen.

Sind wir?
Merkst du nicht?
Alles ist Sonne.
Sogar unsere Klänge
glühen, wärmen, steigen
bis alles ins Gewitter kippt –
und fällt.

Still, ihr Gedanken
wir wollen den Genuss
wortlos aber zu zweit.

Wir liegen. Wir atmen.
Beides kein Warten.
Beides ist Erholung.
Und Staunen.

Dass er uns einfach so
lässt
malt.

James würde uns nie so
lassen
malen.

Das ist eben Gustave.
Er versteht
wenigstens ein bisschen
er versteht
wenigstens das Wollen
er versteht

bis zu einem gewissen
Punkt
über den wir
leise lachen
dann stolpern
dann wieder
aufbrechen in
du
und
ich.

Wann
gehst du
nach London?
Sobald James
aus Valparaíso
kommt.

Was
machst du
in Paris?
Halil sorgt
für mich
ich bleibe –

Aber?
Kein Aber
Joanna.
Constance
ich spüre
ein Aber.

Wir sind eine Weile
still.

Dieser Sommer ist
wirklich
—
Sag es.
—
Mit uns
ist es
—
Sag es.
—
So sehr
dass
alles
Andere
—
Sag es.
—
alles
Bisherige
—
Ich weiß.

Wir beide
wissen.

CONSTANCE QUÉNIAUX

Quelle

Weshalb so ein Aufsehen gemacht wird, habe ich nie verstanden.
    Wer ist sie? Woher kommt sie?
Die elende Fragerei dauert nun schon über hundertfünfzig Jahre. Mutmaßungen wurden zu Erfindungen, und die Erfindungen wollten kein Ende nehmen. Neugier ist ein endloser Rausch. Deshalb versuche ich, meine Geschichte hier so nüchtern und so ehrlich wie möglich zu berichten.

Im Sommer 1832, genau genommen am 9. Juli 1832, kam ich in Saint Quentin zur Welt, wie die meisten Menschen zur Welt kommen: Meine Mutter presste mich aus ihrem Schoß. Da kamen Schweiß und Blut und ein Gemisch aus Körperflüssigkeiten, nichts, worüber frau sich schämen müsste, und zum Schluss brachten die Kontraktionen nicht nur Fleischklumpen und die Plazenta zum Vorschein, sondern auch mich.
Ich kann also behaupten, meine Herkunft ist der starke Körper meiner Mutter Marie Catherine Quéniaux, ganz gleichgültig, ob sie mich nun im Departement Aisne, in Belgien, in Tahiti oder auf den Osterinseln entbunden

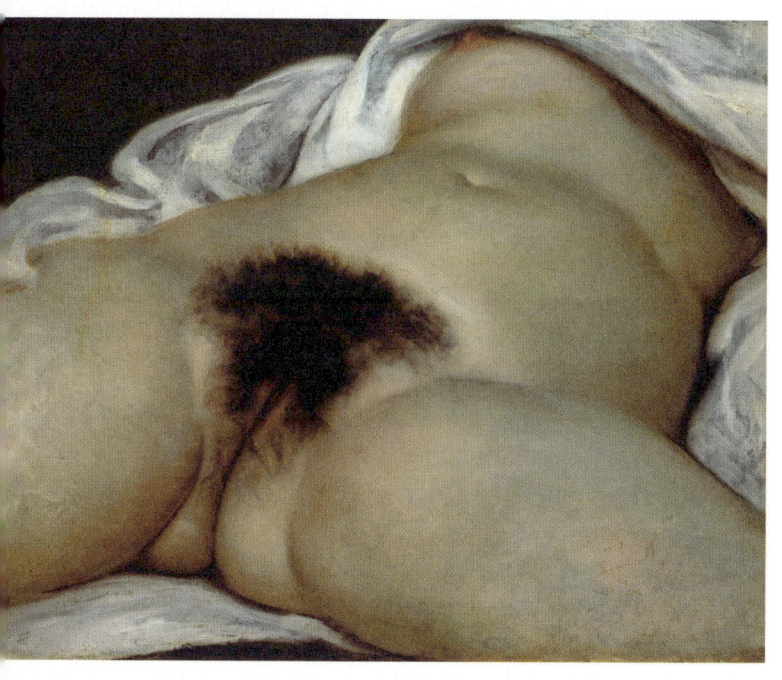

Gustave Courbet, *L'Origine du monde,* 1866

hätte. Hauptsache, ich war gesund, Hauptsache, da waren zehn Finger, zehn Zehen, am Kopf zwei Ohren, am Rücken zwei Beine, hinten einen Hintern und vorne ein eindeutiges Geschlechtsteil, worauf Mutter mir den Namen Constance gab – Constance Quéniaux.

    Also noch eine kleine Quéniaux,
dachte damals wohl jeder in der Nachbarschaft.

    Noch so ein armes, hungriges Ding ohne Vater,
da jene Seite der Herkunft in meiner Geschichte keine wesentliche Rolle spielt.
Ich war ein gewöhnliches Mädchen aus dem Dorf, aber ein hübsches Mädchen.

    Zu hübsch,
wie meine Mutter manchmal sagte, und noch verstand ich ihre darin enthaltene Warnung nicht.
Die Jugend in Saint-Quentin verbrachte ich – wie die meisten aus armen Familien – am Canal de Saint Quentin. Tagelang saß ich am grünen Ufer und sah zu, wie die beladenen Schleppschiffe Richtung Meer zogen. In einer Kette schipperten sie vorüber, ich sprang auf meine Füße und rannte ein Stück weit mit, begleitete die Fracht, hüpfte und drehte mich dabei im Kreis.

    Immer musst du tanzen,
sagte meine Mutter, wenn ich zappelig war, und verbesserte sich sofort:

        Nein, da ist etwas in dir, in deinem Herzen schlägt etwas, das dich ununterbrochen tanzen lässt.
Wenn ich es zu Hause vor Unruhe nicht mehr aushielt, schickte sie mich mit der Wäsche oder mit einem Eimer runter zur Somme, aber nicht ohne mir klare Anweisungen nachzurufen:

> Bleib ungesehen! Schau niemandem, besonders keinem Mann, in die Augen! Lauf gegen die Flussrichtung! Dort ist das Wasser sauberer, weil es noch nicht durch die Wohnsiedlungen geflossen ist.

Wir waren stolz auf unser frisches Wasser. Die Somme entsprang schließlich nur wenige Kilometer nordöstlich von Saint-Quentin in Fonsomme.

Eines Nachmittags wanderten Mutter und ich gemeinsam zu diesem Ursprung. Die Sonne drückte, die Grillen am Wegrand machten ihren Lärm, und nach drei Stunden Fußmarsch standen wir vor einem kleinen Teich, in dem sich unsere Gesichter zwischen Seerosenblättern spiegelten.

> Alles Leben entspringt dem Wasser,

erklärte sie mir mit ruhiger Stimme. Es sei wie ein Wunder, und diese Quelle komme von einem geheimnisvollen Ort unter der Erdoberfläche, Ferventes Aquae. Deswegen sei damals auch das Kloster der Zisterzienserinnen Montreuil-les-Dames hier gebaut worden. Wie ein heiliger Zauber drücke die Source de la Somme genau an dieser Stelle ihr Wasser aus dem Erdinnern, sammle sich hier an der Oberfläche als Teich, wachse weiter und würde zum Bach und später zum Fluss, zu einem Strom, der unentwegt fließen müsse, immer weiter davonfließen müsse bis ins Meer – so wie alles Lebendige eben fliehen müsse.

> Weil Leben bedeutet nichts anderes als Bewegung, Constance.

Mutter erzählte wie im Tagtraum und ergänzte, nachdem sie sich mehrfach umgesehen hatte:

Deswegen wäre das hier ein guter Ort für dich,
für dich und deine rastlose Schönheit.
Sie fand, alle Frauen könnten sich glücklich schätzen,
wenn sie ins sichere Kloster gebracht würden, um dort
verborgen und nur unter Gottes Augen aufzuwachsen,
ungesehen und rein.
Wenn sich doch nur so ein Ort für dich finden
ließe.
Sie warf ein paar Kiesel in den Teich, griff nach einem
größeren Steinbrocken und sah mich von der Seite an.
Mehrere Augenblicke vergingen. Dann legte sie den
Stein zurück, lachte seltsam, und ich lachte mit.
Mutter nahm sich an diesem Nachmittag sehr viel Zeit.
Auch als wir später vor dem Portal des verlassenen Klosters standen, starrte sie lange und voller Sehnsucht auf
die schützenden Gemäuer, als wartete sie darauf, dass der
Geist einer verstorbenen Äbtissin doch noch die Holztür
öffnete und uns einen Ausweg böte oder einen Rückweg
zurück in den heiligen Schoß der Mutter Gottes. Aber niemand nahm mich oder meine Mutter zurück. Das Leben
geht nie rückwärts. Mutter schüttelte den Kopf, küsste
mein Gesicht viermal, fünfmal und sagte:
Zu schön ist sie, meine kleine Constance, zu
schön.
Sie nahm meine Hand und zog mich nach Hause, als
wäre nichts geschehen. Viel später verstand ich, sie
hatte es sich an diesem Nachmittag anders überlegt.
Und ich habe aus diesem Ausflug etwas Wesentliches
gelernt: Wasser fließt nie zurück zur Quelle. Es fließt
davon, weil es fließen muss. Die Bewegung hält es am
Leben. Also bewegte ich mich von Saint-Quentin nach

Paris. Woher ich kam, war zwar wichtig, aber viel wichtiger war es, wohin ich ging.

Paris war das Ankommen in einer Zwischenwelt. Da drangen Gitarrenmusik und Geschrei aus den Gassen. Pferdekutschen hielten vor überfüllten Restaurants, der Gestank schlich aus den Hinterhöfen und Abwässern, während die Oper und das Theater um die Wette strahlten. Hier sah man galante Gesten, dort heimliche Küsse, überall war es ein Kommen und Gehen, in den Studios, den Ateliers, bei Glücksspielen, Tanz, Tabak und Wein. Das war Tout-Paris.

Wie eine stille Mitwisserin schlängelte sich die Seine durch diese Demi-Monde und ließ das Treiben an ihren Ufern nachsichtig geschehen.

Gerade fünfzehn war ich und der kleinen, bäuerlichen Somme endlich entkommen, war dem Landleben also noch rechtzeitig enthüpft und tanzte schließlich eines Morgens – nach mehrmaligem, hartnäckigem Drängeln an der Pforte – vor dem großen Ballettmeister Jean Coralle, der mir nach meinem Vortanzen Unmissverständliches zu verstehen gab:

 Dein großes Glück ist dein Körper, meine Kleine, säuselte er durch den Proberaum,

  ein junger, frisch entsprungener Körper, sauber und noch nicht durch alle Schlafzimmer geschlafen, noch nicht durch alle Betten gevögelt.

Ein Körper, ergänzte er, den man tatsächlich gern anschaue, und Schauende gäbe es in Paris weiß Gott genug. Männer sowieso.

Das Tanzensemble der Opera de Paris lenkte mich in

neue Bahnen. Ich tanzte in Nebenrollen, in Variationen von Gautier. Ich war nordfranzösisches Frischfleisch, wie die Tänzerinnen in der Garderobe oft wiehernd scherzten, und durchaus: Die Bühne war das gnadenlose Jagdgebiet der Galanten, der Reichen und Einflussreichen. Doch ich hielt mich dort äußerst geschickt auf den Beinen. Auftritt um Auftritt erntete ich mehr Aufmerksamkeit. Das half mir über die Runden. Ich tanzte und ich liebte – aber vor allem ließ ich mich lieben.
Mittlerweile verstand ich die Warnungen meiner Mutter. Vieles geschieht zuerst mit den Augen, die Blicke der Männer sind oft Vorboten ihrer Hände, und ihr Schauen hat gelegentlich eine Gier, deren Schuld sie mit Geld und Gütern wiedergutmachen wollen.
Ich hatte keine Probleme damit. Ihre Blicke bedeuteten für mich stets ein Geschäft. Vor allem neben der Bühne.

Mademoiselle Quéniaux, darf ich bitten?, schnurrte der Fotograf Nadar bei unseren Rencontres und lugte mit seinem ulkigen Schnauzbart unter dem Tuch hervor. Also hielt ich still und sah wie befohlen an seinem modernen Apparat vorbei.
Der Fotograf Disdéri wiederum ließ mich mit Buch und Hut posieren, also stellte ich mich gelangweilt neben Kommode und Blumengesteck und nahm nachher das Geld. Später wollte mich Disdéri mit Ballettschuhen und in Pose, auch das kriegte er für seine Francs.
Und was Monsieur Paul Emil Pesme genau wollte, weiß ich beim besten Willen nicht mehr:

> Constance hier, Constance da, jetzt so, drehen, hoch, die Hände, genau, und das Kinn dorthin – perfekt!

Als hätte ich seine Komplimente nötig. Viel interessanter erschienen mir seine ganzen Gerätschaften: albuminisierte Glasplatten, Kollodiumplatten, Silbernitrat, Silberprints, Albuminpapier, Eiweißüberzug – und wie schließlich diese Schatten achtfach darauf auftauchten, meine Konturen, mein Körper drückte sich wie das Quellwasser der Fonsomme zauberhaft aus dem weißen Nichts und floss zu einer *Carte-de-Visite* zusammen.
Aber die rundlichen Herren dachten gar nicht daran, mir die Vorgänge zu erklären, sie wollten mir nichts von ihrem Wissen abgeben, übergaben mir nur Geld oder Gage und manchmal ungewollte Küsse. Von mir wiederum wollten sie nur das wohlgeformte Licht, also schenkte ich ihnen meinen Schein, denn das war meine Arbeit:
Ich schien für sie auf der Bühne der Opéra, ich schien auf dem Boulevard, in den Cafés und Theatern, beim Abendessen zu zweit, in den Bars und im Schlafzimmer. Ich schien nachts und verschwand, wenn es tagte, und kam immer davon, ohne mir von ihnen jemals etwas anhängen zu lassen – oder sagen wir – einpflanzen zu lassen. Ein Löffel Honig, Steinsalz, ein Schwämmchen oder eine halbe Zitrone halfen da unten meist aus; und falls das Herkunftsblut mal doch zu lange ausblieb, erledigte eine lange Nadel den Rest – das Blut kam, dickflüssig und traurig. Doch dieser tote Quell war mir tausendmal lieber, denn er versicherte mir, kein Ursprung für etwas Neues zu sein. Dafür taugte ich nicht. Es gab schließlich genug Sprösslinge aus fremden Lenden. Und es gab genug Lenden, die daran verendeten.

Dann tauchte er auf – oder es: das Glück. Ja, das Glück höchstpersönlich hatte mich auf der Bühne der Opera gesehen, mit seinen dunklen, ägyptischen Augen. Es zögerte nicht lange und lud mich nach der Aufführung ins Palais Royale ein, um mit ihm zu spielen oder ihm beim Spielen zuzuschauen. Das Glück kam aus Kairo und hieß Halil Şerif Pascha. Er spielte geschickt die Karten oder setzte klug beim Roulette, aber niemals warf er die Würfel.

> Würfeln, Mademoiselle Constance de l'Opéra,
> das tun nur die Bauern,

sagte er bedeutungsvoll.

> Und ich bin schließlich kein Bauer, sondern der
> Sohn eines Paschas, ein leuchtender Stern aus
> dem ottomanischen Reich und jetzt ein glühender Meteor über Tout-Paris.

Er schmunzelte, während seine schwarzen Augen dem kreisenden Holzrad folgten, in dem die kleine Kugel verheißungsvoll hüpfte und nach Halt suchte auf einer glücklichen Zahl zwischen eins und sechsunddreißig. Die Kugel stoppte, und er gewann.
Sein Gestirn leuchtete hell inmitten der Pariser Gesellschaft, und sie kamen in Scharen zu diesem großzügigen Licht.
Aber nur ich war sein Glücksbringer – und er war mein Glück. Mein Wendepunkt. Denn hier änderte mein Lebensfluss nicht nur seine Richtung, sondern er wurde breiter und stärker dank seiner sicheren Dämme. Halil verwöhnte mich. Überhaupt gab er gerne sein Geld für sie aus. Er kaufte Kleider für Frauen, Schmuck für Frauen, Stunden mit Frauen, Kunst mit Frauen.
Sie lagen in seinen Betten, und sie hingen an seinen

Wänden, mal angezogen, mal nackt. Sie gehörten ihm und seinen privaten Blicken, und seine Blicke hatten nie genug.

Deswegen wollte er auch bald mich nicht mehr bloß in seinem Bett, sondern verewigt in Öl und auf Leinwand – und zwar für immer, als dürfte unser 1866 nie enden, als sollte ich für immer vierunddreißig Jahre alt bleiben. Der geniale Gustave erhielt klare Anweisungen. Die beiden wussten natürlich von meinen Vorlieben, von meiner amourösen Zweiseitigkeit, wie Halil es einmal scherzhaft nannte. Meinetwegen, ich hatte meine Frauen nie versteckt. Halil nutzte die Gelegenheit und wollte seine Sammlung gleich um das Doppelte wachsen lassen. Um mich und eine zweite Frau. Sie hieß Joanna Hiffernan, sie war rothaarig, schön und offensichtlich sehr glücklich darüber, endlich wieder bei Gustave in Paris zu sein. Wir gingen zu dritt aus, tranken Absinth in den Bars und endeten spätnachts oft in Gustaves Atelier, wo wir weitertranken, bis Gustave auf dem Fauteuil einschlief, während bei uns zwei Wachgebliebenen bald eins zum anderen führte.

Am Morgen danach war der gute Gustave umso aufgeweckter, gab uns im Halbschlaf klare Anweisungen, als hätten wir die Annäherungsversuche jetzt noch nötig. Ich sollte mich noch dichter neben sie legen, auf sie, unter sie, mich an sie schmiegen, mein Bein über ihrem, meine Scham an ihrer. So lagen wir da und spielten unseren Schlaf, während uns eigentlich das Gegenteil durchfloss, uns wieder mitziehen wollte in diesen warmen Strom der vergangenen Nacht. Aber wir verharrten und wurden zu *Le Sommeil:* das erste Bild, das Halil wollte.

Am dritten oder vierten Tag schließlich kam Gustave plötzlich näher. Sein Blick wurde genauer. Und er malte das zweite Bild.

Diese Schöpfung ohne Kopf.

Diese Schöpfung von Oberschenkel bis Brust.

Die ehrlichste Schöpfung. Die Schöpfung, die niemand sehen durfte, weil sie offen aussprach, woher alle kamen. Oder wohin alle wollten.

Eine mächtige Schöpfung, weil sie allein durch ihr Daliegen so viele Männer kränkte, sie in ihrem Stolz verletzte, weil sie erkannten, dass das Leben nie aus ihrer Quelle auftauchen wird. Obwohl aus meinem Schoß ja nie ein Kind entsprungen ist; vielleicht war die Quelle früh versiegt. Vor lauter durstigen Blicken.

Einerseits war es eine überaus lächerliche Angelegenheit, ein so alltägliches Bild für die Hälfte der Menschheit, völlig vertraut für mich, und doch etwas fremd aus dieser Perspektive.

Andererseits ein überaus unwürdiger Umgang, weil das Bild den Blicken sofort wieder entzogen wurde und nur im Verborgenen auftauchen durfte. Trotzdem wussten viele davon, und fast so viele empörten sich öffentlich darüber. Oder sie spielten ihre Empörung. Der Skandal schuf eine anziehende Aura um mein delikates, klangvolles Inneres, wie Dumas es später beschrieb. Bernsteinfarben, schwungvoll, sinnlich. Und die gekonnten Pinselstriche meines Unterleibs steigerten die Anziehung des Werkes.

Eine Schöpfung also, die nur deshalb an Wert gewann, weil der Mann sich damit einlud, jene Blicke zu wagen, die er sich selbst zuvor verboten hatte. Was für ein arm-

seliges Spiel. Aber ein äußerst lukratives, weil es sich
für mich auszahlte.
Mehr kümmerte mich nicht, da ich mich bekanntlich nie darum kümmerte, wo etwas herkam. Bei Geld
machte ich da keine Ausnahme. Es kam sowieso immer
von den Männern, der Geldfluss kennt seit jeher nur
diese eine Richtung. Ich ließ die Zuwendung auf mich
zuströmen, und meine Oberfläche glitzerte.

In jeder Lebensgeschichte gibt es auch jenen letzten Teil,
in dem das Leben langsamer wird.
Mein Knie verübelte mir das Tanzen, also ließ ich es sein.
Ich musste auch gar nicht mehr herumhüpfen. Das skandalöse Bild erledigte die ganze Arbeit. Bewegungslos
wurde ich berühmt. Auch ohne Zutun war ich der Höhepunkt jeder Soiree. Alle wussten es, und niemand sprach
es aus. Das Bild war die Sensation. Hinter einem grünen
Vorhang verborgen hing es in einem Nebenzimmer in Halils Appartement und wurde bei seinen Diners als letztes
enthüllt, nachdem sich die Gäste des Diplomaten bereits
an *Le Bain Turc* und *Le Sommeil* warm gesehen hatten.
Ich habe die Aufregung nie verstanden. Wer entschied,
was den Augen zumutbar war? Ein Teil von mir war ein
großes Geheimnis, *le scandale,* den nur Auserwählte
sehen durften, während ich im selben Jahr als Frau mit
Papagei im Pariser Salon ausgestellt wurde. Das war
immerhin derselbe nackte Körper, gemalt von demselben Maler. Woraufhin der Witzbold Manet gleich diese
kleine Crevette Victorine Meurent auch mit Papagei
malen musste. Einfach brav angezogen.
Der arme Gustave, er musste sich so viel anhören. Schon

einmal hatte er es mit einem Gemälde für den Pariser
Salon probiert, aber sie ertrugen seine Ehrlichkeit nicht.
 Künstlerische Ketzerei,
wurde gewettert.
 Unhaltbar und gegen die religiöse Moral,
entschied die Jury.
Wenn die gewusst hätten, was er sonst noch gemalt hat!
Ach, vermutlich haben sie es gewusst.
Courbet, dieser irre Hitzkopf. Ich mochte ihn, er war
ein Feuerchen, aber immer dankbar und sehr galant. Er
schenkte mir die kostbarsten Blumen, Blumen, die ewig
hielten. Meine Kamelien. Ich mochte das Bild vom ersten Tag an. Gleich als ich sein Atelier neben der Brasserie Andler betrat, stachen mir die Blumen ins Auge, wie
sie da an der Wand standen: Die roten, gelben, weißen
Blüten strahlten in die Dunkelheit.
Ich war seine Kameliendame. Und er war mein Freund.
Ein Idealist und leidenschaftlicher Revolutionär, den
das Leben mit Schulden, Gefängnis, Krankheit und
Flucht bestrafte. Irgendwann im Winter 1877 erfuhr ich
dann von seinem traurigen Tod am Genfersee.
Und zwei Jahre später sollte auch mein Glücksstern
Halil nicht mehr weiterleben.

Was soll ich dazu sagen? So war es nun mal, die Männer verflossen, und ich war längst weitergezogen, lebte
mein neues Leben in Courbevoie, dort am linken Ufer
der Seine, in der Rue de la Montagne, um genau zu sein.
Meine Freundin Marie Laurent, die beste Klytaimnestra, die Paris je auf einer Bühne gesehen hat, brauchte
mich dort. Sie führte ein Internat für Künstlerkinder –

ein *Orphelinat des Arts,* ein edles Waisenhaus für den zurückgelassenen Nachwuchs von Schriftstellern, Malern, Musikern, Architekten und Journalisten. Die herumreisenden Künstler bezahlten uns, und wir waren für ihre Kinder da, wir unterrichteten sie.
Ich hatte viel zu geben, also gab ich. Ich war schließlich der Armut entwischt, war mit den Jahren sogar reich geworden und hatte alle meine Geldgeber überlebt.
Ich wollte meinen Gewinn teilen. Ein Gewinn, den ich anfänglich auch mit meinem Unterleib erwirtschaftet habe. Dieser ewig junge Schoß, der verborgen, verhüllt, verkauft und wieder verborgen und wieder verhüllt und wieder verkauft wurde, bis er hundertzweiundzwanzig Jahre später, erst 1988, zum ersten Mal öffentlich gezeigt wurde.
Wie lachhaft! Wenn man bedenkt, dass alle, die diesen Anblick verbieten wollen, einem solchen Schoß entsprungen sind.
L'origine du monde. Einzigartig – dass ich nicht lache! Es gibt doch so viele. Die Welt ist voll davon. In allen Variationen. Bereit zu geben, bereit zu nehmen – aber meistens ganz froh, einfach in Ruhe gelassen zu werden. So viele Ursprünge. Sie hüpfen von Mutter zu Tochter. Das Leben ist eine Kette. Herkunft ist ein Schachtelsystem, und das natürlichste der Welt.
Und doch erregt es so viel Aufsehen. Ich habe es nie verstanden, vielleicht auch, weil es ein männlicher Wahn ist. Zugegeben, die Männer meinten es immer gut mit mir. Sie haben mich ein Leben lang angeschaut und angefasst. Männer haben mir mein Leben bezahlt. Aber gelebt habe ich es mit den Frauen.

AUGUSTINE ROULIN

Das Feuer suchen

Au clair de la lune, mon ami Pierrot,
prête-moi ta plume, pour écrire un mot,
aber wie man dieses Feuer beschreiben soll, weiß ich wirklich nicht.
Ich habe mich damals vor allem um mein Bébé gekümmert.
Die größeren zwei, Camille und Armand, kamen ja schon gut allein zurecht, aber Marcelle war noch so klein und brauchte ihren Schlaf.
Doch er brachte diese Unruhe in unser Haus.
Eigentlich hat ihn ja Joseph angeschleppt, er hat ihn am Bahnhof Arles bei der Paketabgabe kennengelernt, regelmäßig schickte der Maler dort seine Bilder mit der Zugverbindung aus Marseilles-Saint-Charles zum Bruder nach Paris, aber ich glaube, gute Trinker finden ihresgleichen eben immer irgendwie, insbesondere in so kleinen Ortschaften wie Arles, im Café de la Gare, um genauer zu sein, wo Joseph nach seiner Schicht gerne Wein trank, Tabak rauchte und beim Billard verlor.
Und an einem Abend im Spätsommer hat er ihn eben mitgebracht.

Vincent van Gogh, *La Berceuse,* 1889

Augustine, das ist Vincent,
sagte Joseph schwankend,
er wohnt hier gleich in der Nachbarschaft.
Ich nickte, obwohl ich sowieso schon längst alles über ihn von Madame Ginoux wusste.
Der hagere Künstler sei seit März in Arles, hatte mir die Ginoux in einem Redeschwall geschildert, zuerst hauste er im Hotel Carell, dann bei ihnen im Café de la Gare, bis sie ihn im September endlich loswurden, als seine neue Unterkunft doch noch möbliert wurde, sie habe es schon fast nicht mehr ausgehalten und wollte ihm kündigen, das hätte sie ihm natürlich so nicht gesagt, ihn aber ständig auf die engen Räume und das schlechte Licht hingewiesen, wie Madam Ginoux verschwörerisch einräumte. Seither wohne der Rote nun im Gelben Haus an der Place Lamartine, gleich neben dem Kaufladen und gegenüber dem Park. Hier male er in der Rue de la Cavalerie, streife nachts durch die Bars und sei, wie Madame Ginoux sagte, ihr nicht ganz geheuer.
Und sie hatte recht.

Ein Sonderling, wie er da in unserer Küche stand und starrte. Ganz offensichtlich hatte er an Joseph einen Narren gefressen, an Josephs blauer Uniform, an Josephs langem Bart, an Josephs Mütze – ohne Zweifel, sie waren gute Freunde geworden, die sich gerne trafen, aber auch meine Kinder beobachtete er ununterbrochen mit seinen irren Augen, man konnte fast denken, er hätte sich in uns alle verliebt. Mehrfach malte er Joseph in seiner Postuniform, und meinen Armand skizzierte er mit diesem Hut, den er damals gerne trug, Camille mit Beret, und sogar

von meiner kleinen Marcelle machte er ein Porträt, dabei war sie da noch ein Bébé und keine vier Monate alt.
Ach, meine kleine Marcelle, tagein, tagaus hatte ich sie zu schaukeln. Und wenn die Sommerhitze ihren Schlaf störte, summte und sang ich im verdunkelten Zimmer:
    Ma chandelle est morte, je n'ai plus de feu,
    ouvre-moi ta porte, pour l'amour de Dieu,
während dieser Vincent einfach danebenstand und starrte, ganz ausgebrannt und müde von einem Sturm, der dort in seinem Innern brauste.
Meist linderte mein Gesang auch sein Toben, Vincent setzte sich hin, wie ein Kind lauschte er dem Lied, doch seine Augen blieben wach und rastlos.
Zweifellos, er mochte uns sehr, und er brauchte uns, trotzdem war er mir von Anfang an unheimlich. Da war diese Reibung in ihm, eine versteckte Glut, die beim winzigsten Funken auflodern konnte.
Vor allem seit dieser andere Maler in Arles angekommen war. Dieser Paul mit seinem eckigen Gesicht.
Das waren keine Freunde.
Zwei Jungs waren das, die miteinander wetteiferten und sich so lange stritten, bis einer weinend zurück zu Mama rannte.
Als Mutter von zwei Buben habe ich diese Zankereien sofort gespürt, insbesondere als sie mich Anfang Dezember zum Modellsitzen ins Gelbe Haus einluden.
Und wie eine Mutter, die ihren Kindern einen Gefallen tat, saß ich schließlich geduldig da und blickte die ganze Zeit nach rechts – zu Paul.
Vincent konnte ich nicht ansehen, seine Augen glühten mehr als sonst. Er arbeitete wie ein Getriebener.

Er malte nicht für mich oder für sich, nein, er malte
gegen seinen Besucher, während dieser Paul Gauguin
ununterbrochen vom zauberhaften Licht des Südens
schwärmte, vom richtigen Süden, wie er ergänzte, worauf Vincent beleidigt meinte, das hier sei doch jetzt ihr
Atelier des Südens, der vielversprechende Anfang ihrer
Künstlerkolonie, worauf Paul wieder erklärte, er meine
eben den tropischen Süden, Martinique zum Beispiel,
wo er letztes Jahr viel kräftigere Farben erlebt habe, oder
die Südsee, Madagaskar und Tahiti etwa mit noch mehr
Sonne und noch mehr Wärme, wo er eines Tages die
schlichte Schönheit der Welt finden und endgültig vom
staubigen Europa und seinen kranken Huren gesunden
würde. Worauf Vincent die Damen im hiesigen Bordell
sofort in Schutz nahm.
So zankten die Schuljungen hin und her, es wurde
lauter, die Stimmung war angespannt, und ich begann
wieder zu summen:
> Au clair de la lune, Pierrot répondit:
> Je n'ai pas de plume, Je suis dans mon lit.

Aber ich war nicht immer da, um zu schlichten, und
mein Gesang half sowieso meist nur vorübergehend.
Der Streit zwischen den zwei Malern wurde heftiger.
Es ging um Kunst. Um die Pläne ihrer Kolonie.
Es ging um Frauen, und es ging um Geld.
Paul war ständig pleite, lieh sich Franc um Franc von
Vincent, die er nie zurückzahlte, sondern verhurte oder
vertrank oder verspielte oder alles gleichzeitig.
Sie schrien sich an, und sie prügelten sich, bis einer
der beiden hinter die Porte de la Cavalerie ans Ufer der
Rhone verschwand, um sich dort den Kopf zu kühlen

oder sich die Rinne zu füllen, wie man so schön sagt. Bei großen Jungen geht man besser nicht mehr dazwischen, aber ich war in Sorge um meine eigenen Kinder, vor allem um mein Bébé Marcelle. Es war nur noch eine Frage der Zeit, bis diese zwei Feuer zerstörerisch in die Höhe schießen würden. Und so kam es auch. Aber nicht so, wie ich es erwartet hatte.

Es war kurz vor Weihnachten.
Der Mond schien hell, die Nacht war klar, und plötzlich wurde es sehr laut an der Place Lamartine. Ihre zwei Stimmen detonierten in der Kälte, wie explodierendes Schwarzpulver krachte es in unregelmäßigen Abständen und verhallte wieder.
Ich verschloss unsere Tür und betete den Tagesanbruch herbei.
Am Morgen des 24. Dezembers war es jedoch verdächtig ruhig. Paul war verschwunden, einfach abgereist, und von Vincent hörten wir keinen Mucks.
Ein Polizist fand ihn schließlich – bewusstlos, blutüberströmt und ohne Ohr.
Die Damen vom Bordell hatten die Polizei benachrichtigt, nachdem eines der Mädchen ein Taschentuch mit grausigem Inhalt erhalten hatte.
Et voilà. Wie ich gesagt hatte:
    Zwei sture Schuljungen.
    Sie streiten sich, sie verletzen sich,
    und einer rennt nach Hause.
Der arme Vincent musste für zwei Wochen ins Hospital in Arles, wo er in die Obhut des jungen Doktor Felix Rey kam.

Zugegeben – wir waren alle erleichtert.
Weihnachten und Neujahr an der Place Lamartine
waren so ruhig wie schon lange nicht mehr.
> Va chez la voisine, je crois qu'elle y est,
> Car dans sa cuisine, on bat le briquet.

Mitte Januar kam er dann aber zurück. Noch magerer
und noch blasser, und mit einem dicken Verband um
den roten Haarschopf.
> Le foux roux,

wie ihn Madame Ginoux von Anfang an nannte, und
nun nannten wir ihn alle so.
> Vincent, komm und iss etwas Suppe in unserem
> Haus,

lud ihn Joseph oft ein, wenn er ihn am Bahnhof sah.
Und Vincent kam gerne vorbei, er aß zwar wenig, blieb
aber lange, denn hauptsächlich wollte er malen, er
wollte mich malen. Und zwar genau so, wie er mich vor
dem Zusammenbruch schon einmal gemalt hatte. Das
Seil, die Wiege, das Schlaflied, immer dasselbe beruhigende Bild. Aber ich ahnte schon, dass seine Aufregung
früher oder später wiedererwachen würde. Wie er dasaß mit dieser schrecklichen Narbe, zittrig und eingeschüchtert wie ein angeschossenes Tier.
Ich wollte nicht, dass die Kinder ihn so sahen.
Der arme Bengel war krank, im ewigen Fieber gefangen.
Er sah überall Dinge, Farben und Bewegungen.
Und irgendetwas sah er offenbar in mir.
Ich wollte nicht für ihn posieren, ich hatte schließlich
genug zu tun mit Marcelle, der Wäsche, der Küche,
doch ich fürchtete seine Reaktion bei einem Nein.
Nicht, dass er meinen Kindern je etwas getan hätte,

aber ich glaube, er hätte meine Ablehnung kaum ertragen. Also saß ich geduldig da, summte und sang mein Schlaflied,
> Au clair de la lune, l'aimable Lupin,
>
> frappe chez la brune, elle répond soudain.

Welches der Gemälde mir denn am besten gefallen würde, wollte er irgendwann von mir wissen, damit ich eines haben könne, außerdem würde er davon sowieso noch mehr machen, erklärte er hastig, und ich spürte, wie seine Flamme wieder wuchs, wie sein giftiges Feuer wieder zu lodern begann.
Seit er ganz allein im Gelben Haus lebte, war er noch unheimlicher geworden. Ganz Arles ging ihm mittlerweile aus dem Weg.

Als mein Joseph nach Marseille versetzt wurde, blieben wir allein mit dem armen Vincent. Und Vincent blieb allein mit sich.
Er sagte es mir nie direkt, aber er vermisste meinen Joseph, er war schließlich der einzige Freund, der ihm geblieben war, seit der Sache mit Paul, und seit sich sein Bruder Theo in Paris verlobt und nun offenbar Besseres zu tun hätte, wie auf meine Fragen er oft trotzig murmelte.
Manchmal schrie Vincent so laut, dass er in halb Arles zu hören war.
Manchmal aß er tagelang nichts, trank viel, schlief kaum und brach während des Malens vor lauter Erschöpfung zusammen.
Alle an der Place Lamartine waren es leid, auf diesem Pulverfass zu leben.

Die Lunte brannte wieder. Wir ahnten Böses.
Gewiss, mir gegenüber gab er sich große Mühe, er besuchte mich, fragte nach den Kindern und brachte mir eines Nachmittags das von mir ausgewählte Gemälde vorbei, das seines Erachtens das beste von allen sei, ich hätte also ein gutes Auge, sagte er schüchtern und meinte das wohl als Lob. Trotzdem versteckte ich das Bild hinter dem Bettpfosten. Sicherlich, ich schätzte seine Geste, aber schämte mich doch ziemlich für sein wildes Gekritzel.
Und die Petition habe ich dann auch unterschrieben.
Eines Tages stand Madame Ginoux mit diesem Zettel für die Behörden vor unserer Tür und erklärte mit ernster Miene ihr Anliegen.

>Augustine, es geht um le fou roux.
>Wir müssen was unternehmen.
>Denk an unsere kleine Stadt.
>Denk an unsere Kinder.
>Diese Künstler schaden unserer Gemeinschaft,

sagte sie, obwohl ich genau wusste, dass die eitle Ginoux damals beiden Malern sofort und gern posiert hatte.
Dreißig Bürger von Arles haben insgesamt unterschrieben.
Ich kann es verstehen, die Nachbarn hatten Angst.
Da war zu viel Feuer. Zu viel Unruhe in ihm.

>Qui frapp' de la sorte? Il dit à son tour
>Ouvrez votre porte, pour l'amour de Dieu!

Drei Officiers kamen und klopften an seine Tür.
Sechs starke Arme nahmen ihn mit und brachten ihn zurück ins Hospital.
Der arme Vincent. Danach habe ich ihn nie mehr gesehen.

Es hieß, er sei in Saint-Paul-de-Mausole in Saint-Rémy untergebracht.
Joseph schrieb ihm aus Marseille ins Hospital, und selbst aus der Ferne mussten wir ihn beruhigen, mussten ihm versprechen, dass wir mit seinen Gemälden, die Joseph im Schlafzimmer aufgehängt hatte, nichts Dummes anstellen würden.
Aber später in Lambesc brauchten wir das Geld.
Und Ambroise Vollard bot uns immerhin 450 Francs für Vincents Bilder.
Der arme Junge, er hat mir leidgetan, aber Mitleid half da nichts.
Kein Wiegenlied der Welt konnte dieses Feuer löschen.
Diese Seele war nicht zu beruhigen.

> Au clair de la lune, on n'y voit qu'un peu,
> On chercha la plume, on chercha le feu.

Paul Gauguin, *Vahine no te tiare*, 1891

TEVAHINE

Aita! / Nein!

Die Insel war noch in Trauer.
Totenklagen und schwarze Kleider überall.
König Pomaré der Fünfte war erst vor einigen Tagen bestattet worden – und plötzlich war er da. Wie ein Platzregen zwischen Tahiti Nui und Tahiti Iti.
Er tauchte auf und verschwand wieder hinter den Vulkansteinen am Strand, er tauchte auf und verschwand hinter einer Palme, hinter Farn oder Hibiskus oder in seiner Unterkunft, die direkt neben meiner Wellblechhütte stand.
Ich beobachtete ihn, wie er alles beobachtete.
Er verhielt sich anders als die Missionare.
Er kontrollierte weniger und mischte sich nirgends ein, er hielt seine lange Nase stattdessen in Orchideen und an die weißen Blüten der Gardenien, er heftete seine Augen überhaupt an alles, das ihn umgab: die Bergflanken, die Büsche und Schlingpflanzen, die spielenden Kinder, sogar die Früchte und das mit Bananenblättern umhüllte Gemüse, das ihm ein Mädchen vor die Hütte gestellt hatte. Vor allem aber verfolgte er die Frauen am schwarzen Strand und in den Bächen. Er war ganz

gebannt von ihrem Getue, als sähe er das erste Mal jemanden Wasser holen oder Schalen auswaschen.
Sein Gesicht wiederum war mein Anlass zu starren. Ich versteckte mich zwischen Sträuchern oder hinter Palmenblättern und betrachtete seine spitzige Nase und sein spitzes Kinn, die wie abgebrochene Felsen in seinem weißen Gesicht hingen.
Während er schrieb oder auf seinem Papier kritzelte, wirkte er wie ein Schwächling, aber einer, der seine letzte Kraft dafür aufwendete, nach etwas zu suchen – und über den die Nachbarn allerlei Merkwürdiges erzählten.
> Ein Spion sei er – ein Europäer eben,
> ein armer Maler sei er – ein Franzose eben,
> ein Getriebener, ein Boheme eben,
> der die Welt auf dem Papier verdoppelte,
> ins Kleinere kopierte,
> hergeschickt, um zu starren,
> um erstarren zu lassen,
> um alles festzuhalten
> für sich und seine Auftraggeber.

Ich wusste, das war nur dummes Gerede, ich hatte ihn schließlich tagelang studiert.
Er wäre ein schlechter Spitzel gewesen: Er rauchte, hustete, er fluchte und war viel zu laut für alle Heimlichkeiten. Und er war die ganze Zeit so unfassbar und auffallend bleich.
Ich verstand: Er war der Insel ausgeliefert. Er war uns ausgeliefert.
Meistens tat ich, als würde ich die Netze ordnen, saß in der Piroge, zog an den Fäden, flickte halbherzig die ge-

zerrten Maschen, jene Stellen, wo die Schnüre beim Fischen ins Riff geraten waren.
Aber eigentlich sah ich ihm dabei zu, wie er uns zusah, und dachte darüber nach, was er wohl über uns dachte. Er war mit Sicherheit keiner dieser Kolonialverwalter, die viel zu ruhig durch die Gegend stolzierten. Ganz im Gegenteil. Wenn diese Männer ihn besuchten, schrie er sie an, nannte sie Heuchler, Zerstörer und schickte sie schäumend von seiner Unterkunft weg. Er sah zwar aus wie sie, lauerte aber wie ein verwundetes Tier in fremdem Territorium.
Viele dachten, wie herrlich es hier doch war, als die Königin und all die Könige noch gelebt hatten, als unser Reich noch nicht an die Franzosen verkauft worden war, als wir noch mit unserer alten Kleidung umhergingen, als wir noch in unseren richtigen Hütten lebten, als noch mehr gesungen und getanzt wurde. Viele dachten wirklich so. Und er spürte das.
Er erhoffte sich genau diese erdachte Welt, während er sich zu den Frauen setzte, die das Fruchtfleisch der Kokosnüsse zermahlten oder Monoi-Öl aus den wohlriechenden Tiare rieben und ihre Iménés-Gesänge anstimmten. Das alles wünschte er zu sehen, wenn die Männer das Feuerholz zu den Siedlungen transportierten oder in ihren Pirogen zum Riff hinausfuhren.
Er suchte jenes verlorene Reich, das sie uns genommen haben.
Oder das wir vielleicht nie hatten.
Er wollte das zurückhaben, was er durch seine Anwesenheit verdrängte.
Er sah etwas Unsichtbares, das es nicht mehr gab, das

er mit seinen zitternden, gelben Fingern aber unbedingt aufs Papier zwängen wollte.
Doch diese Welt huschte ihm meistens aus dem Bild. Sobald sie sein Starren bemerkten, eilten alle ihre Bewohner davon. Die Männer drehten ab, die Kinder tauchten ins Meer, und die Vahine versteckten sich hinter dem Stamm eines Bourao-Baums, weil sie spürten, dass er daran dachte, sie einfach und wortlos zu nehmen, weil er wohl glaubte, dass das hier so üblich sei.
Ich verhielt mich immer vorsichtig, aber Angst hatte ich keine vor ihm. Zu sehr wollte ich sehen, was er in uns sah. Wenn er konzentriert vor seiner Hütte saß, schlich ich näher heran, ging mit dem Wasserkrug beiläufig vorbei, um wenigstens kurz auf seine Skizzen und Bilder zu sehen.
Doch der Beobachtete erkannte meinen Wunsch bald.
    Komm und schau,
sagte er eines Nachmittags, und ich sagte sofort:
    Nein,
weil ich weiß, dass auch schwache Männer manchmal harmlose Worte benutzen, um damit Gefährliches zu meinen.
    Komm her und schau nur,
sagte er auch am nächsten Nachmittag, und irgendwann sagte ich:
    OIA!
Und meinte damit nur den Besuch seiner Hütte und das Beschauen seiner Bilder.

In seiner Kammer hingen Lichtzeichnungen von Körpern.

Skizzen von den Frauen aus der Nachbarschaft, mit
Kleidern, die diese nie trugen,
von Frauen, die nie an diesen Orten waren oder diese
Dinge taten.
Und da war das Bild einer nackten, weißen Frau auf
sauberen, weißen Laken und daneben ein weißlicher
Blumenstrauß in weißem Papier.
Zum Glück gab es noch diese schwarze Frau im weißen
Kleid, die das eintönige Blenden etwas durchbrach.
Ich ging näher heran. Noch nie hatte ich eine nackte
Weiße gesehen.
Ihr Körper glich gewissen Haifischen draußen im Riff,
ihre Haut war kalte Fischhaut, wie totes Hühnerfleisch,
und in Gedanken verbesserte ich meinen Vergleich:

>Nein, ihre Haut ist wie Knochen,
>Es ist die Haut einer Toten, leblos und flach.

dachte ich.

>Das ist Olympia,

sagte der Franzose begeistert und ergänzte:

>Von Manet.

Und ich sagte

>Ja,

weil ich wusste, dass es stimmte, weil seine Stimme es
verriet.
Aber ich wusste nicht, welche der beiden Frauen er
meinte.

>Findest du sie schön?,

fragte er weiter und setzte sich hin.
Ich sagte wieder:

>Ja.

Auf meine Antwort lächelte er gerührt, als verstünde ich

nicht, was Schönheit war, als sähe ich nicht täglich zwischen Sonnenaufgang und Sonnenuntergang, was die Natur uns hier an tausendfachen Farben bot, und nicht bloß dieses tote Weiß.

Er schmunzelte, als würde ich den Unterschied zwischen gesund und ungesund nicht erkennen, als bemerkte ich nicht, wie er sich seit Tagen am Hals und an den Armen kratzte, wie er versuchte, seine Flecken und Ausschläge zu verbergen, diese roten Hügelchen auf seiner Haut.

Als sähe ich nicht die geröteten Augen, und als wüsste ich nicht, dass genau das keine Schönheit mehr war, sondern eine Krankheit, die man sich in fremden Betten von fremden Frauen und noch fremderen Männern holt, diesen Befall, den viele Franzosen haben und den sie auf ihren Schiffen hierhergebracht haben.

 Ist das deine Frau?,

spielte ich weiter mit, doch er erkannte meinen Spaß nicht und antwortete:

 Ja.

Er log lächerlich, weil er seine Lüge mit einem ungeschickten Lächeln schmückte, also ließ ich ihn mit meinen Fragen in Ruhe.

Die anderen Bilder in seiner Hütte waren interessanter, noch düsterer, denn inmitten einer Dunkelheit saßen eine Mutter und ihr Kind, die beide aussahen, als müssten sie sterben.

 Religiöse Kompositionen,

sagte er aus der Ecke, und ich nickte bloß, weil es so umständlich klang, wie die Bilder wirkten: Da schwebten kreisrunde Lichtreifen über ihren Köpfen, da waren

Menschen mit Vogelflügeln, grelle Strahlen, die aus
den Wolken hinabstachen wie lange, gelbe Speere, um
im Meer die Fische tödlich zu erwischen. Da krochen
Männer und Frauen zu den Füßen von Mutter und
Kind, aber alle Gesichter der Gezeichneten waren voller Schmerz, entstellt wie fürchterliche Masken oder die
Fratzen von Fiebergeplagten.
 Es stimmt,
dachte ich,
  Europa ist nicht nur traurig,
  Europa will traurig sein.
  Es versteckt seine Geschwüre und tut gesund.
  Und dieses Europa nimmt seine eigenen Bilder
  mit auf Reisen
  und hofft dabei trotzdem, ganz neue zu finden.
Ein Geräusch lenkte meine Gedanken ab.
Unter seinem spitzen Kinn kritzelte er etwas auf Papier,
er sah hoch, und ich erkannte, wie er meine Umrisse
festhalten wollte,
meine Linien,
meine Ränder.
 Aita!,
schrie ich auf:
 Aita!
Ich verschwand aus der Hütte.
Wütend lief ich zum Strand und blickte auf das weite
Meer, wo in der Ferne eine Gewitterwolke gerade grau
abregnete.
 Was liegt bloß dahinter?,
dachte ich mir.
 Welche traurige Welt ist dort versteckt?

Eine Stunde verging, und ich änderte meine Meinung.
>Jede andere Meinung ist eine neue Möglichkeit, erkannte ich.
>>Die Möglichkeit, selbst zum Bild zu werden,
>>aber ein unverfälschtes Bild,
>>>weil ich entscheide, wie mich alle sehen sollen.

Ich eilte in meine Hütte und zog mich um.
Daraufhin ging ich hinüber und betrat mit einem lauten Ja seine Hütte.
Ein Ja mit Kragen und Ärmeln und gekämmten Haaren.
Ein Ja, das eine Stunde nachgedacht hatte.
Kein Ja aus Lust auf das Verbotene.
Kein Ja durch Lockung oder Verführung.
Nein, ein mächtiges Ja.
Ich sah doch, wie hastig er zu malen begann.
Wie er zitternd arbeitete und fürchtete, ich könnte mein kostbares Ja jederzeit zurücknehmen.
Mit meinem Sitzen hatte ich ihn in der Hand.
Mit meiner Tiara hinter dem Ohr, dem Schmuck am Haarknoten.
Mit meinen zwei Ringen in den Ohren.
Ein Ring am Finger, das graue Kleid hochgeschlossen.
Alles genau so, wie ich es wollte und solange ich es wollte.
Eine Regung nur, ein Rutschen nur, und seine Furcht vor der Ablehnung flackerte auf, sein Gesicht wurde röter als sonst, die Flecken und Abszesse glänzten vor Schweiß.
Er war mir unterlegen.
Er wollte mein Bild, und ich gab ihm die starke Maori.
Gierig nahm er es auf,

hielt mit Stift fest, soviel er konnte,
entfachte ein Feuer mit seinen Farben und umgab mich
mit schwebenden Blumen.
Als Dank. Denn ich schenkte ihm mein Zurückkehren.
Drehte mein Aita in ein Oia.
Weil ich es so wollte.

Ernst Ludwig Kirchner, *Artistin (Marzella)*, 1910

LINA FRANZISKA FEHRMANN

Wie die Tiere

Bartstoppeln kratzen halt.
Oder es ist eher dieses Geräusch von Stoff auf Stoff auf Stoff und so weiter.
Aber Marzella wüsste jetzt besser, warum sie immer wieder auftaucht. Überhaupt, wie so was anfängt, das nie wieder aufhören kann.
Vielleicht wegen dem Rotwein, der die Zunge pelzig macht – aber so jung trinkt man doch keinen Rotwein, oh doch, mein lieber Herr Zirkusdirektor, wir schon.
Oder es begann, als die anderen für ein paar Zigaretten oder ein schnelles Glas in der Eckkneipe waren. Immer dann, wenn einer von ihnen außergewöhnlich höflich wurde.

Die Künstler der Brücke taten alles für die freie Kunst. Wollten wie Wilde sein, die Zwänge ablegen, freier malen, besser malen.
      Ausreden, dreckige, rohe Tiere!,
bellt Marzella. Im Kopf bellt sie das manchmal vor dem Einschlafen, selber ganz Tier geworden.
Belesen, kultiviert, sie kleideten sich adrett, strichen

sich Pomade ins Haar, und gegen Abend kam gewöhnlich Feierlaune auf. Dann sah ich es auch in ihren Augen. Es spaltete mich auf, weil ihre Blicke mich beide meinten.
Marzella und ich sahen es.
Aber ich schloss die Augen und ging aus dem Raum.
Nach dem Sitzen im Atelier an der Berlinerstrasse, zwischen all den Tüchern und Kissen, auf denen nackte Frauen abgebildet waren, den Holzschnitzereien, Japanischen Blumen, Indischen Liebesakten, da blieb meistens nur Marzella zurück.
Fränzi brachte sich in Sicherheit.
Marzella war härter im Nehmen, die Artistin im schwarz-gelben Kostüm sollte Rollen schlagen, die Kerze machen, Rücken gerade, die Brust heraus, frei und unbeschwert, fröhlich hüpfen und sich und mich ausziehen.

Die Sommer an den Moritzburger Teichen waren so schön.
    Wie richtige Ferien,
dachte ich da immer, nur die Mücken störten ein wenig. Marzella störten auch noch die Schrammen an den Schultern und weil es da unten brannte, also begann sie im Kopf, wieder zu schäumen.
    Dumm wie Kinder! Denken tatsächlich, sie
    könnten sich verwandeln.
    Als wären wir nicht mehr in Sachsen, sondern
    in der Südsee.
Bis heute bellt Marzella das, wenn sie mal wieder auftaucht, weil sie herbeigerufen wird von gewissen Geräuschen. Oder dem Gefühl von Gras am Rücken.

> Wie Eingeborene auf einer fremden, abgelegenen
> Insel,

sagte der Kirchner und legte sich in die Wiese.

Der freie Mensch in der freien Natur,

erklärte Heckel, als er sich die Hose abstreifte.

Wir tranken und rauchten – aber so jung sollte man doch nicht rauchen, oh sicher, mein lieber Herr Zirkusdirektor, wir waren eben ausgelassen, und die Männer haben auch nackt getanzt, haben Wellen geschlagen mit ihren mageren Armen, den Bumerang geworfen, mit dem Bogen geschossen, und wenn sie Gymnastik trieben, hüpfte das schlaffe Fleisch zwischen ihren Schenkeln hin und her. Es war wirklich wie Urlaub. Meistens waren die Maler sehr lustig.

Aber Marzella passte manchmal nicht auf und blieb allein mit einem von ihnen. Draußen am Dippelsdorfer Teich oder in der Alten Brauerei, dann weiß ich halt auch nicht mehr.

Ich war ja erst zehn. Ich war ein Kind.

Bloß ein Mädchen aus dem Topflappenviertel.

Da hat Marzella schon recht, wenn sie mich manchmal schüttelt und schreit:

> Hätten sie doch diese Milly aus der Völkerschau
> dafür genommen.
>
> Oder Nelly, oder all die anderen, richtigen
> Zirkusartisten, die gerade in Dresden waren!

Während ich später mit meinen eigenen zwei Kindern in den Bombennächten im Keller saß, dachte ich oft an unsere Sommer bei den Teichen. Noch lange hatte ich dieses Fotoalbum mit Bildern aus Moritzburg. Ich dachte

mir immer, eines Tages würde vielleicht alles von sich aus ans Licht kommen, und die ganze Welt würde dann von alleine wissen, wie es wirklich war.
Damals wünschte ich mir das so sehr.
Ich wünschte es mir für Marzella.
Dass alles endlich vorbei wäre.
Damit sie nicht mehr so brüllt:
> Tot umfallen sollen sie!
> Verrecken sollen sie!
> Und in ewiger Vergessenheit verschwinden!

DAGNY JUEL

Düsternis

Die Schatten kamen immer zu Unzeiten. In Kongsvinger saßen sie auf den müden Schultern meines Vaters, als er von den langen Besuchen bei seinen Patienten aus der Provinz Innlandet zurückkehrte, die Ledertasche mit den Instrumenten abstellte und sich an der Waschschüssel die eingetrockneten Blutströpfchen von den Händen wusch. Er seufzte die Schatten wach. Munter schielten sie hinter seinem Nacken hervor oder streiften an der Tapete entlang, sobald sie hörten, wie ich am Klavier saß und übte.

Als Kind schlich ich oft zum Friedhof in Kongsvinger, manchmal hoch zur Festung, um die Schatten dort auf eigene Faust aus ihren düsteren Löchern zu locken. Aber bald schon besuchten sie mich ganz von alleine in unserem großen Garten in Rolighet. Sie kamen als Geflatter von Schmetterlingen, lagen im Schimmern der Kreuzspinnen, und ich hörte sie hoch über den Ufern der Glomma in den Schreien der Raubvögel. Sie wurden immer mutiger. Nachts hallte ihr Gejammer und Gelächter aus einer anderen Welt zu mir ins Zimmer, hinein in

Edvard Munch, *Madonna*, 1894/95

meinen schlummernden Kinderkopf, der damals noch wenig von der Zukunft ahnte.
Der Mutter von meinen Schatten zu erzählen, wäre töricht gewesen.
So was passte nicht zur Tochter des königlichen Leibarztes Juell, die mit den Schwestern regelmäßig in die Sommerresidenz des schwedischen Königspaars zu Saft und Kuchen eingeladen wurde, die gerne mit ihrem Tagebuch an der Glomma saß und summend zusah, wie kunstvoll die Fliegenfischer ihre Köder durch die Luft katapultierten, die ihre Strümpfe und den Rock für die Mädchenschule bei Frau Anna Stang immer ordentlich trug und sogar einen Knicks machte, wenn sie ihn zu machen hatte, und die nach dem sonntäglichen Kirchgang gerne Brettspiele spielte und so intensiv Klavierstücke interpretieren konnte, dass den geladenen Gästen ausnahmslos die Tränen in die Augen schossen.
Aber nichts interessierte mich so wie diese Schatten. Bald hausten sie stets in meiner Nähe, lockten mich zu düsteren Ideen und überfielen mich in meinen Tagträumen. Im Halbschlaf schlüpften sie zu mir, streichelten meinen Körper und entlockten mir das Bild einer finsteren Nacht am Tor zum Orient, heimgeholt von Lethes Strand:

>»An einem fernen und sonnenbeschienenen Ort treffen sich feierlich meine bleichen Toten.«

Die Vorzeichen waren deutlich. Alles war eine Frage der Zeit. Die Schatten lenkten mich.

Auch dieser blasse Junge hatte sie. Er kam im August mit Doktor Munch zu einem unserer Feste nach Kongsvinger und hieß Edvard. Aber Edvard wurde von ganz anderen, für mich neuen Schatten begleitet. Da schwebten die Umrisse einer sterbenden Mutter, das Gespenst einer toten Schwester und die lange Dunkelheit von Oslos Wintern. Meine Eltern tobten, als sie erfuhren, dass ich den achtzehnjährigen Edvard unten am See umarmt hatte; aber sie zürnten noch mehr, als ich nur Wochen später beim Biertrinken mit einem Kadetten erwischt wurde.

Für das Leben in Kongsvinger war ich zu wild. Also schickten mich die Eltern ins Pensionat nach Erfurt. Die Warterei im langweiligen Internat verbrachte ich mit Tagträumereien über Liebende, die aus Leidenschaft töteten, ich las Shakespeare, Macbeth, der Sturm, ich verschlang Ibsen und Strindberg, die mir zu Hause verboten waren, oder ich erfand herrlich schaurige Visionen eines Mannes, der von seinem eigenen Skelett verfolgt wurde. Dazwischen rauchte und trank ich heimlich mit meinen Mitschülerinnen im Schlafsaal. Die einzige angenehme Routine, die mir aus dem braven Rolighet blieb, war das tägliche Klavierspiel.

Ich wurde richtig gut darin, und deswegen erlaubten mir die Eltern, für das Konzertdiplom nach Kristiania zu gehen. Onkel Otto Blehr sollte auf mich aufpassen, und das tat er, so gut es eben ging. Er stellte mich eines Abends sogar dem berühmten Komponisten Edvard Grieg vor. Als der aber vor mir stand, war ich dermaßen verblüfft, dass ich kein Wort mehr herausbrachte und froh war, als er endlich fragte, ob ich ihm denn nicht etwas vorspielen wolle. Er war begeistert und prophezeite mir vor aller Augen eine erfolgreiche Karriere.

Aber da hatten die Schatten wohl noch ein Wörtchen mitzureden.

Nach meinen Kursen an der Königlichen Musikschule in Kristiania streifte ich gerne durch die Innenstadt. Onkel Otto wusste natürlich nicht, dass ich wieder regelmäßig den blassen Sohn von Doktor Munch traf. Ich saß für Edvard sogar Modell und ging oft mit ihm ins Wirtshaus Gravesen, wo auf engem Raum alles versammelt schien, was meine Eltern so sehr fürchteten: die Trinker, die Künstler, die freie Liebe, die Anarchisten, die Boheme. Die Warnungen der Eltern kümmerten mich nicht, hier waren endlich Menschen, die mir ähnlich waren. Ich verehrte ihre Schatten, erkannte den lauernden Tod überall. Das qualmige Wirtshaus bebte vor Zorn, Ekel, Feuer und Hass. Onkel Otto und meine Eltern hatten keinen Einfluss mehr. Ich hatte das süße Gift gekostet, ich labte mich an Albträumen und dem Bösen, erregte mich an diesem Drama einer Frau mit drei Liebhabern, gierte nach Berichten von tagelangen Ekstasen und Seelenwanderungen, suchte diese zweite Welt hinter unserer Welt.

Die Männer im Wirtshaus sprachen oft vom Tierischen im Menschen und beklagten jeden Mann, der wie ein elender Wurm durchs Leben zu kriechen hatte – und sie schwärmten von Berlin, dem einzigen Ort, an dem das Außergewöhnliche gelebt werden könne, die einzige Stadt, wie Edvard ergänzte, in der die freie Kunst ein Zuhause habe.

Mein Körper bebte, ich hatte in die Seelen dieser Künstler geblickt, hatte dabei Krankheiten und Rausch entdeckt, hatte Verwundete und Kriegstote auf einer Bahre gesehen, ich erkannte sie als jene bleichen Leichen, die sie bald sein würden. Und doch war ihr Schicksal mit meinem verknüpft:

»Einmal glitt sie mit mir auf dem Strom,
auf dem Strom, wo des Lebens Rätsel glühten.«

Mein Herz wusste plötzlich, wohin es schlug. Und obwohl ich schon fast fünfundzwanzig Jahre alt war, zögerte ich wochenlang, bis ich den Eltern an einem Sonntagmorgen in Rolighet meine Idee verkündete.

Nach der Königlichen Musikschule wünsche ich mir das Studium der Musik in Berlin,

sagte ich bestimmt. Vater ließ die Zeitung sinken.

Das Stern'sche Konservatorium an der Spree,

ergänzte ich. Mutter sah zum Vater.

Bei Gustav Hollaender.

Vater blickte zur Mutter und fragte, ob da nicht dieses Weibsbild Direktorin sei, diese Jenny Meyer, die vom preußischen Kaiser doch tatsächlich den Titel einer Professorin gefordert habe. Mutter zuckte mit den Schultern.

Ich werde regelmäßig zurück nach Norwegen reisen,

sagte ich kleinlaut und ergänzte knapp:

Versprochen.

So zog ich im Winter 1893 in die einzige Stadt, in der die freie Kunst ein Zuhause hatte – und noch einiges mehr, wie sich herausstellen sollte.

Berlin war ein Ameisenhaufen. Auf dem täglichen Weg zum Konservatorium ließ ich mich von diesen Wirrungen berauschen. Ich beobachtete, lauschte und las, damit ich abends in meiner kleinen Wohnung in der Karlsstraße alles zu Papier bringen konnte. An den Wochenenden traf ich regelmäßig Edvard, der ebenfalls nach Berlin gezogen war, ich saß für ihn im Atelier oder half ihm tagsüber für seine Ausstellung in der Friedrichstraße. Wo Edvard aber abends hinging, verheimlichte er mir konsequent.

    Das ist nichts für dich,
wiegelte er ab,
        alles zu unkontrolliert, zu viel Lärm und zu viel Rausch.

Ich wusste, er versuchte, mich zu schützen, meine Wirkung auf Männer war mir schließlich nicht entgangen, genau wie die Hemmungslosigkeit, die hier in vielen Winkeln lauerte.

Berlin war die Hauptstadt aller Schatten.

Unter den Linden spazierten Hunderte Männer mit Filzhüten, unter denen sie ihre Abertausend kranken Gedanken verbargen. Da stolzierten Frauen mit verzierten Schirmen, deren Glanz ich bald von Würmern zerfressen sah. Ein Zeitungsverkäufer schrie das kommende Unheil in die Menge, wütende Flugblätter wurden verteilt, Pferdekutschen rauschten ungebremst vorbei und zermalmten alles, das nicht rechtzeitig zur Seite wich. Ein Offizier mit einem goldenen Spitzhelm überblickte hoch zu Ross die Straße, eine Witwe mit schlechten Zähnen verkaufte Obst, und an den runden Tischchen vor den Cafés wurde Bier getrunken und Tabak geraucht. Hilfskräfte zogen Lastenkarren mit Eisenwaren, Lebensmitteln und Flaschen vorbei, Kinder in Matrosenkleidchen wurden von ihren Müttern an der Hand

weitergezerrt, und neben dem Springbrunnen vor der
Baustelle des Doms stand am ersten warmen Märztag
ein eifriger Student und verkaufte seine Schriften.
Gerade als ich vorbeilief, geriet der junge Mann in eine
heftige Diskussion mit einem Passanten. Der Mann hatte
wildes Haar, einen auffälligen Schnauzbart, und sein
Kopf war vom vielen Schreien ganz rot geworden.

> Du elender Feigling, du kannst nicht schreiben,
> wenn du nicht ehrlich bist,

schrie er mit melodiösem Akzent, das war kein Deutscher.

> Und zwar so ehrlich, dass es schmerzt!,

tobte er weiter.

> Schreiben ist Gewalt, Gewalt an dir selbst, Ge-
> walt an deinem Weibe, Gewalt an deinem Gotte
> und an der ganzen verlogenen Welt. Das hier ist
> Pferdemist!

Worauf er dem Studenten die Blätter aus den Händen
zerrte und vor dessen Nase zerriss.
Mir wiederum warf er einen wütenden, dann aber interessierten Blick zu und stampfte wie ein Kobold davon.
Ich sah ein tödliches Funkeln, die kalten Augen hielten
seine Seele im Eis gefangen. Ich kannte ihn von irgendwoher. Also folgte ich dem Mann auf Distanz.
In energischer Eile ging der Schnauzbart Unter den
Linden entlang, wich einer Kutsche, dann einer Straßenbahn aus, überquerte die Spree, huschte an der
Staatsoper vorbei, beschimpfte zwei Fußgänger, trat absichtlich gegen ein Kind, das ihm den Weg versperrte,
und zog weiter Richtung Brandenburger Tor, wo er
plötzlich links abbog, um an der Ecke Wilhelmstraße in
einem Lokal zu verschwinden.

Dort an der Fassade prangte ein Schild: *Weinhandlung* – darunter auf der Glastür und in Weiß nochmals: *Gustav Türkes Weinhandlung und Probierstube*.
Im Frühlingslicht über dem Eingang schwebte ein schwarzer Weinschlauch, der durch das lange Hängen schon ganz aus der Form geraten war und nun einem toten Ferkel glich. Vorsichtig versuchte ich, durchs Schaufenster einen Blick ins Innere zu werfen, doch unzählige Flaschen versperrten die Sicht. Also linste ich durch die Eingangstür und erkannte schmucke Tapetenwände, sah weiße Tischtücher, Polsterstühle und eine Schenke voller Weinflaschen und Spirituosen.
Unter einer Wolke aus Zigarettenrauch saßen mehrere Personen, und da in der Ecke lehnte auch der wilde Schnauzbart.
Mehr konnte ich nicht erkennen. Denn hinter mir regte sich etwas, worauf eine vertraute Stimme erklang:

    Darf ich bitten, meine Dame?

Ich trat zur Seite, und neben mir erschien ein schmales Gesicht, ein anständiges Gesicht, in dessen Mitte eine spitze Nase und darunter dieser breite, gepflegte Schnurrbart saß. Ein liebes Gesicht, das ich oft geküsst hatte. Edvard.
Er musterte mich traurig. Sein Gesicht erinnerte mich immer an meine Heimat. Ich lächelte, und die Heimat lächelte zurück.

    Darf ich mich vorstellen? Dagny Juel, Pianistin
    aus Kongsvinger,

sagte ich gespielt. Er nahm meine Hand, küsste sie und entgegnete ebenso gespielt:

    Frau Juel, neu mit nur einem L. Da haben Sie am

Ende eben doch herausgefunden, wo ich mich heimlich rumtreibe.

Er sah unsicher ins Innere des Schwarzen Ferkels und gab sich einen Ruck.

Na gut, meine Liebe. Willkommen im wahren Berlin, bezaubernde Dagny Juel, du wirst diesen Ort mit deinem entflammenden Wesen gewiss um einiges bereichern. Aber bitte sei vorsichtig.

Er hielt mir die Tür auf, ich trat über die Schwelle und wurde Teil des Schwarzen Ferkels, Teil dieser Mördergrube, in der die verdammten Seelen von frühabends bis frühmorgens heulten und tobten und fluchten.

Edvards Befürchtungen waren nicht grundlos gewesen: Alle verknallten sich in mich, und ich wiederum genoss ihre finsteren Flecken, die wie Vorboten des Todes an ihnen hafteten und denen sie durch ihr exzessives Feiern zu entkommen versuchten. Die Gruppe wuchs von Tag zu Tag – oder eher von Abend zu Abend. Der Mann mit dem wilden Schnauzer war niemand Geringerer gewesen als August Strindberg, aber da war auch der bärtige Richard Dehmel, Adolf Paul, manchmal die kluge Schriftstellerin Frida Uhl, Paul Scheerbart, Gunnar Heiberg mit seinem Monokel, Holger Drachmann und natürlich Edvard, der mir die Tür in diese Zwischenwelt aufgehalten hatte, und in der ich fortan alles aufsog, was es aufzusaugen gab: Worte, Blicke, Küsse, und wenn ich zu Hause war, schrieb ich unentwegt.

»Nun in einem fernen, sonnenbeschienenen Land,
Sitze ich selbst sonnenbeschienen auf Wacht«

Es war wie ein Fluch. Wenn man einmal mit dem Schreiben begonnen hatte, konnte man nicht mehr damit aufhören. Den Männern im Ferkel zeigte ich meine Gedichte und Theaterstücke kaum. Vor allem dem giftigen Strindberg nicht. Die wollten mich nicht als Schriftstellerin sehen, sondern als Tänzerin, als ihre Aspasia, als Teufelsweib, Muse, die schöne, wohlerzogene Norwegerin, die weltmeisterlich trank und mit ihren Solotänzen allen den Kopf verdrehte.

Edvard tanzte oft mit mir und flüsterte dabei allerlei Schmeicheleien in mein Ohr:

> Du bist ein wunderbares wandelbares Schattenwesen, dich muss man gesehen haben, die ganze Welt muss dich gesehen haben, alles andere ist ein Verlust.

Ich nickte, weil ich wusste, dass sein Flüstern eigentlich eine Frage war, ob ich ihn später und bis zum nächsten Morgen in seinem Atelier besuchen würde, wo ich mich ausziehen und auf den Diwan legen würde, damit er seine Studien weiterführen konnte.

So vergingen die Monate in Berlin. Tagsüber spielte ich brav bei Hollaender am Konservatorium, während die Nächte wesentlich wilder verliefen. Wir sangen und rezitierten Gedichte, wir notierten unsere Visionen und planten eine literarische Zeitschrift, der ich kurzerhand den Namen *PAN* gab.

Gerne hätte ich dafür auch meine Texte vorgeschlagen. Ich hatte sogar stets ein Gedicht dabei, um es auf einem Stuhl stehend vorzutragen, doch dann wollten die Männer lieber tanzen, jemand zog mich auf den Tisch hoch, Edvard skizzierte das Treiben, und Strindberg reichte

mir augenzwinkernd sein Gebräu aus heißem Wasser, Whisky und Kognak. Grog um Grog trank ich alles weg, was mir angeboten wurde, ohne dabei schwach zu werden. Ich wusste nur zu gut, wie sehr Strindberg darauf hoffte, dass ich diese Nacht endlich in seinen Armen liegen möge.
 Hier, Puppe,
säuselte er.
 Saug sie auf, deine Skandinaviermilch, geiles
 Blut für die Vampirin,
spottete er und ließ einen tödlichen Blick über mich gleiten. Seine zurückgewiesene Gier wechselte schnell in Wut und verdüsterte an gewissen Abenden die ganze Weinstube. Er fröstelte mich, gleichzeitig genoss ich diese Kälte. Längst hatte ich mich unsterblich in alles Abgründige und Böse verliebt. Weil es ehrlich war.
Aber nur einer übertrumpfte sie alle.
Wenn er den Raum betrat, wurde es finster. Wenn er auf dem Klavier Chopin spielte, wurde ich orgiastisch. Wenn er schrie, mich wie ein gieriger Dämon aus Edvards Armen riss, blieb mir der Atem weg.
Strindberg rümpfte in seiner Ecke wie ein Giftzwerg die Nase, murmelte etwas von Gotteslästerung und brüllte:
 Sogar die Wahrheit der Frauen ist eine unbe-
 wusste Lüge.
Aber dieser Überschatten war mächtiger als Strindberg, dieser Übermensch kümmerte sich um nichts und niemanden, und dieses Wesen hieß Stanislaw Przybyszewski. Der teuflische Pole. Doch im Ferkel nannten wir ihn alle einfach nur Stach.
 Ich liebe die Umnachteten, Entgleisten, Abartigen!

Schrie er wie aus dem Nichts über die vollgestellten Tische hinweg, während seine Augen nach dem Grausamsten in uns suchten – und immer wieder mich fanden.
    Du bist eine Göttin, Dagny, meine Ducha, meine Seele, du gehörst mir.
Sein Griff an meinem Arm wurde bei jedem Tanz fester.
    Du bist mein Weib, das mir Satan hier auf Erden geschenkt hat.
    Ich werde dich vergöttern und erniedrigen,
zischte er in mein Ohr. Sein magnetisches Wesen stieß mich ab und zog mich an, ich war gefangen zwischen Liebe und Hass, doch genau diese Kraft ließ mich schreiben. Da schlummerte ein Sprengsatz in mir, und ich wusste, dass Stach diese Waffe entfesselt hatte – durch seine Worte, durch seine Schriften, durch unsere rastlosen Nächte voller Absinth und Kognak und Whisky und Sex. Ich war frei. Und ich nahm mir die Freiheit, alles zu genießen, was mir angeboten wurde.

In ruhigen Momenten lag ich bei Edvard im Atelier und ließ mich malen.
Nach einer Nacht im Fieberwahn mit Stach war Edvard wie kühlender Balsam.
    Du bist eine unglaubliche Schönheit,
flüsterte Edvard, während er skizzierte,
        ein elektrisierendes Wesen voller Intelligenz,
    magisch, freundlich, fröhlich und fürsorglich.
Doch wir beide wussten, dass Strindberg das anders sah und schon nach zwei Gläsern Schnaps gemeine Lügen über mich verbreitete, Unwahrheiten über »Die Dame«, wie er mich vor den anderen zynisch nannte:

Die Dame, die niemand besitzen kann.
Wenn Stach wieder mal die Eifersucht plagte, unterstützte er Strindberg bereitwillig in seinem verachtenden Gespött.
Die Männer im Schwarzen Ferkel redeten ständig von Freiheit und verlangten sie bedingungslos, aber wenn ich, als freie Frau, vor ihnen stand, waren sie blind dafür, waren geblendet vor Raserei, wütend darüber, dass ich mich genauso auslebte, wie sie sich auslebten.
Strindberg litt so stark unter meinen Zurückweisungen, dass er aus lauter Rachsucht meinen Verwandten Briefe nach Norwegen schickte und behauptete, ich sei eine Prostituierte. Bei meinen regelmäßigen Besuchen in Kongsvinger ließen mich Mutter und Vater ihre Zweifel spüren. Sie drängten nach einer bürgerlichen Ordnung, und irgendwann gab ich nach.
Stach und ich heirateten ziemlich überstürzt, die Heiratserlaubnis kostete damals eine Mark, und an jenem Morgen hatten wir gerade eine Mark. Doch auch diese Entscheidung überforderte meine Eltern, bis sie Stach kennenlernten. Innert weniger Minuten wickelte er sie mit seinem Charme um den Finger. Er war ein trickreicher Teufel. Meine Familie konnte seine Schatten ja nicht sehen und bemühte sich pflichtbewusst um meinen Freundeskreis, vor allem, als ich mit Zenon schwanger wurde.
Vater besuchte auf der Karl Johans Gate in Kristiania sogar eine Ausstellung von Edvard. Schließlich hatte man auch in Norwegen vom Skandal um ihren Landsmann Munch gelesen, als die Berliner Künstlervereinigung seine Einzelausstellung im Architektenhaus

kurzerhand geschlossen hatte, angeblich wegen Entartung und Hohn. Allein schon deswegen wollte mein Vater Edvards Werke mit eigenen Augen sehen.
Mit ernstem Gesicht lief der alte Leibarzt Juell durch die Kunstgalerie Blomquist, studierte Werk um Werk, bis er abrupt vor einem Gemälde stehen blieb.
Die Madonna.

> Dieser Augenblick, in dem die ganze Welt in
> ihrem Lauf innehält,

hatte Edvard gemurmelt, als er die erste Madonna vollendet hatte.
Er hatte recht, da war so viel Schmerz. Es war das Lächeln einer Toten, das Gesicht einer Todgeweihten. Sie war das Bindeglied zwischen denen, die schon gegangen sind, und denen, die ihnen noch nachfolgen würden.

> Die Seele bleibt in ewiger Bewegung,

hatte ich Edvard nach der Sitzung erwidert, worauf er nur sanft nickte.
Andere wiederum sahen unsere Madonna als lustvoll schwangere Maria, in ekstatischer Empfängnis von Jesus, ein Mutter-Gottes-Orgasmus, worüber wir uns wie zwei schelmische Kinder freuten. Doch die Kritiker begriffen nichts von der ursprünglichen Natur in Edvards Kopf. Edvard brauchte keine Teiche in Sachsen, kein Südfrankreich und kein Tahiti wie Gauguin. Edvard hatte Tausende Tahitis in sich.
Doch meinem Vater war das einerlei: Natürlich hatte er mich auf dem Bild erkannt, entrüstet drehte er sich auf den Fersen um, schoss mit hochrotem Kopf davon und verlangte vom Leiter der Galerie, das Bild umgehend zu entfernen.

So verbrachte ich meine Zeit zwischen Berlin und Kongsvinger, zwischen Rausch und Nüchternheit. Das Wilde geschah an Stachs Seite, und im ruhigen Norden gebar ich unsere Kinder Zenon und Iwa. Und ich schrieb.
Etliche Theaterstücke entstanden: *Der Stärkere, Ravnegård, Wenn die Sonne niedergeht* und *Die Sünde.* Dazu kamen etwas Kurzprosa und etliche Gedichte. Stach unterstützte mich, er las mit, wenn er Lust hatte, und vermittelte mir Kontakte für die Veröffentlichung meiner Theaterstücke. Wenn er nüchtern war, war er hilfreich und charmant. Wenn er aber Wodka trank, war er ein Teufel, der durch unsere Wohnung tobte.

> Kein Mensch mit einem Gehirn kann ohne Alkohol auskommen,

schrie er und stieß mich zur Seite. Dann war er ganz der Dämon, den er in seinen Schriften verehrte. Und ich erkannte:
Die Hölle ist ein Teil der Wirklichkeit.
Stachs Dunkelheit wuchs, und schließlich hatte er genug vom dümmlichen Berlin, wie er zischte, genug von diesem selbstgenügsamen Abschaum, der seine satanistischen Lehren nicht bis in die letzte Radikalität verstehen wollte.
Dabei hatte er viele Anhänger. Wir konnten ja kaum durch den Tiergarten spazieren, ohne dass uns ein ganzer Tross junger Menschen folgte. Alles Stachs Jünger, allen voran dieser Millionärssohn Wladyslaw Emeryk, der nicht nur seine Schriften, sondern uns beide wie von Sinnen verehrte und in unserer Wohnung auftauchte, wenn er nur konnte. Doch Stach hatte die

Berliner Boheme satt. Er verlangte nach einer Veränderung und zog mich mit ins Verderben.

Als er in Polen die Leitung einer Literaturzeitschrift angeboten bekam, ergriff er die Gelegenheit. In Polen war er als Schriftsteller wesentlich bekannter, dort erwartete ihn der ersehnte Ruhm, also zogen wir nach Krakau, später nach Warschau, wo wir in einer kleinen Einzimmerwohnung lebten, die ich mit Edvards Bildern und dank Stichen von Goya einigermaßen häuslich gestalten konnte. Das heißt, ich und die Kinder lebten da, denn Stach hatte auch mich und die Kinder satt und verbrachte die meiste Zeit bei seiner Geliebten.

Die Schatten streichelten mich nun nicht mehr, sie stachen vielmehr, drückten und nahmen mir die Luft, bis ich einsah:

>Die Hölle ist hier.

Ich sprach kein Wort Polnisch, hatte kein Geld, war trotz einiger Liebesgeschichten ziemlich einsam und das Schlimmste: Ich schrieb nicht mehr. Wo immer wir auftauchten, erwarteten uns bereits Stachs Jünger, diese Satanskinder, wie sie sich nannten, ganze Scharen von Verehrern und Liebhaberinnen, die seine Düsternis und – zu seinem Missfallen – auch meine Schönheit feierten. Aber Stach duldete keine Rivalin neben sich, also stieß er mich noch mehr von sich weg.

Bei Premieren und Lesungen lobten alle meine Schönheit. Stachs reicher Freund Wladyslaw schwärmte von meiner übersinnlichen Präsenz, aber die Schatten um mich herum verspotteten mich:

>»Mich fortzuzaubern zur Versammlung ewigen Vergessens,

in festlichem Tanz um das alte Feuer.«
Ich musste weg aus Polen, weg von Stach, doch als ich ihm dies unterbreitete, verprügelte er mich und warf mich mit Zenon aus der Wohnung. Iwa behielt er bei sich, also kam ich immer wieder zurück, obwohl ich wusste, dass Stachs letzte Frau Martha Foerder ihren Ausweg nur im Selbstmord gefunden hatte. In einem Gift, das er ihr sogar besorgt hatte.

Die Düsternis vernebelte meine Sicht. Ein letzter Hoffnungsschimmer tauchte auf, als uns Wladyslaw Emeryk für den Sommer nach Georgien einlud, wo wir alle zusammen meinen vierunddreißigsten Geburtstag feiern würden. Voller Vorfreude packte ich für Zenon und mich das Nötigste ein. Meine kleine Iwa war ja in Lemberg bei Stachs Geliebten untergebracht. Aufgeregt hüpfte der fünfjährige Zenon um den Koffer herum, während Stach seine Reisepapiere besorgte. Als er dann aber zum vereinbarten Zeitpunkt am Bahnhof erschien, hatte er keine Dokumente dabei, es habe nicht geklappt bei den Behörden, sagte er entschuldigend und versprach, so bald wie möglich nachzukommen – wir sollten keine Zeit verlieren und uns mit Wladyslaw schon auf den Weg machen.
Durchs Zugfenster blickte ich auf den Bahnsteig, wo Stach ohne Gruß davoneilte. Sein Bild verschwand in der Spiegelung, und stattdessen winkte mir eine hämische Vorahnung entgegen. Verzweifelt schrieb ich Stach von unterwegs, schickte ihm aus allen größeren Bahnhöfen Telegramme – aber vergeblich. Keine Antwort.
    Ich bin sprachlos, vollständig sprachlos,

schrieb ich ihm nach einem Monat Stille zum Schluss.
Wladyslaw spielte derweil den Galanten und gab sich
alle Mühe, uns bei Laune zu halten. Als wir in Tbilisi ankamen, leuchtete der Sommer in seinen schönsten Farben, und doch machte sich eine seltsame Unruhe breit.
Wir quartierten uns im Grand Hotel Tbilisi ein, um später zum Anwesen der Familie Emeryk weiterzureisen.
Wladyslaw tigerte im Hotelzimmer auf und ab, verbissen schrieb er Nachrichten an Stach, die er verstohlen in
Umschläge steckte und an der Rezeption aufgab:
> Mein Goldener, Geliebter, ich tat, was du hättest
> tun sollen, wisse, dass ich dich anbete und verehre, und dass ich dich liebe.

Die Ahnungen waren keine bloßen Ahnungen mehr.
Ungeduldig erwartete mich die kommende Nacht.
Zenon weinte sich in den Traum:
> »Schlaf, Schlaf, nun schweigen die zornigen
> Stimmen, als hätte der Tag allzu viele Worte gemacht, sinkt die Sonne hinter Hain und Hängen«

Was kommen musste, kam noch vor dem Morgen.
Weit nach Mitternacht geriet die Dunkelheit in Zimmer vier im Grand Hotel Tbilisi in Bewegung. Sie näherte sich auf leisen Sohlen, um mich fortzuzaubern,
um mich aufzufordern zum Tanz um das alte Feuer,
wo der Kreis sich endgültig schließen würde und wo
ich zurückfinden würde in die nordische Heimat. Ans
alte Piano im Wohnzimmer von Rolighet, an die grünen
Ufer meiner geliebten Glomma, zu den Kreuzspinnen,
Schmetterlingen und Fliegenfischern.
Ich tat schlafend, als sich die Mündung von Wladyslaws
Revolver an meinen Hinterkopf legte.

Fast hätte ich es bis zu meinem Geburtstag geschafft. Aber die Schatten kommen eben immer zu Unzeiten. Hauptsache, die Nachwelt erinnert sich an meine Zeitspanne zwischen Geburt und Sterben. Nur Zenon und Iwa sollen ein helleres Bild von mir haben: stolz und kräftig, trotz der vielen Schatten – eine Seele in voller Bewegung.

»Eine Welt heimgeholt von Lethes Strand.«
Und in der anderen Welt fiel ein Schuss.

WALBURGA NEUZIL

Auf dem Rücken

Hier hänge ich.
Liegen gelassen hänge ich fest,
wie man in einer schäbigen Wiener Wohnung rumhängt,
im dreizehnten Bezirk zum Beispiel,
draußen die Droschken, die Rufe der Reisenden – und drinnen ich.
Stunden- und tagelang auf Laken und mit einer Lustlosigkeit, die bloß gespielt ist.
Weil das Äußerliche meistens ausreicht,
weil allein das Äußerliche schließlich bleibt –
wenn nicht im Kopf, dann wenigstens auf Papier.

Das passt schon.
Es hat immer gepasst, wie ich gesehen wurde.
Und vieles haben sie in mir gesehen, haben ihre Sichtweisen in mich hineingeschaut, es gewaltsam in mich hineingestarrt – das Unerhörte, dieses Unverschämte.
　　Na bravo, die Herrschaften, unglaublich, wie es
　　ihr geradezu anhaftet,
haben die Betrachter noch beim Betrachten gedacht,
und jetzt hängt es tatsächlich an mir fest.

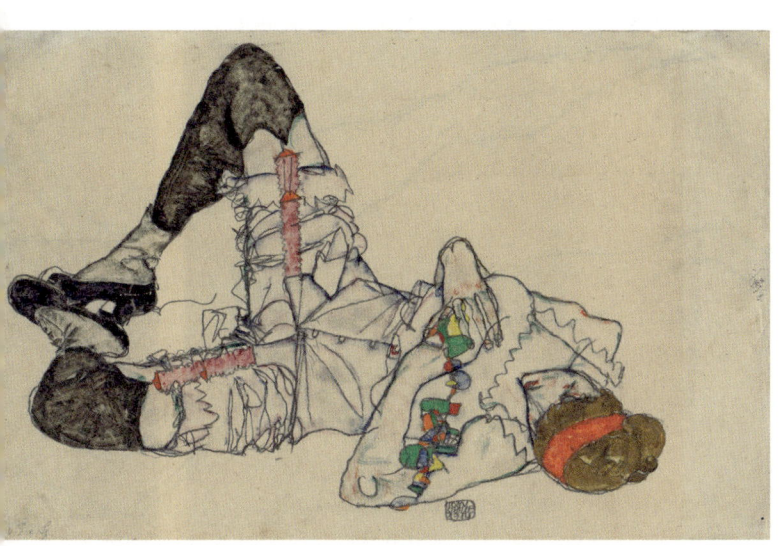

Egon Schiele, *Auf dem Rücken liegende Frau,* 1914

Das Anschauliche ist nicht mehr ausradierbar.
Meine Körperlichkeit ist mein Kapital. Linie für Linie,
Strich um Strich wurde es mir angehäuft.
>   Na, diese Frau ist eben eine wachsende Anlage,
>   Wertsteigerung inklusive.

Dabei hätte ich mehr zu bieten gehabt, hätte sogar eine
Geschichte auf Lager.
Aber ich sollte ja bloß liegen, weil das Liegen, das lag
mir.
>   Bitte schön, leg dich hin, fesches Mädchen,

haben sie gesagt, und das Wort Mädchen war durchaus
richtig, weil ich noch keine vierzehn war, da habe ich
mich schon hingelegt für Gewisse und für das Geld von
Gewissen.
>   Bitte schön, leg dich hin, mach die Beine so,
>   na bitte, geht doch, Mädchen,

haben sie gesagt, und ich habe gemacht, was sie gesagt
haben, denn irgendwie mussten wir ja – wir, das waren Thekla, Anna, Berta, Antonia, Marie, meine Mutter,
meine vier Schwestern und ich –, irgendwie musste dieses männerlose Wir in der Reichshauptstadt ja zu Geld
kommen.
Außerdem war das auch Arbeit, denn arbeiten tut jede,
sobald sie klare Befehle befolgt.

Beim Strubbelkopf war es anders, obwohl sich die Befehle ähnelten.
Aber da lag etwas zwischen uns, eine gute Distanz, eine
Sichtweite, die er mit bloßem Auge überwinden konnte.
Und seine Hände blieben ganz bei ihm, zumindest solange er mein zweites Ich zu sich aufs Bild holte.

> Leg dich hin, bitte schön, Mädchen,
> die Beine so, die Arme so, die Hände da,

hat er gesagt,
> lieg einfach da,
> das rechte Bein so, das linke so,
> die Haare zusammen,

hat er gesagt, dabei war der Bursche auch kaum vierundzwanzig.
Und seine Haare auf dem Kopf so und so, und wirklich überall, außer dicht am Schädel.

Nein, bitte schön, heute lassen wir mal alles an, hat er gesagt, als das Licht von der Hietziger Hauptstraße gerade günstig war – und:
> Weil die Strumpfbänder heute so schön leuchten,
> weil dein Haarband heute so schön rot ist,
> darum, bleib so, genau so, du bist die Beste,

hat er gesagt, und es so gemeint – weil es stimmte.
Und jetzt hänge ich in seinen Befehlen fest,
als wären sie das Einzige gewesen, das mich damals band.
Dabei hatte ich auch anderes zu bieten gehabt, hab ihm den Papier- und Seelenkram aufgeräumt.
Aber an dieser Gestalt hier wurde ich nun mal festgemacht, so kennen mich alle, die mich kennen: die Liegende ohne Namen.

Wenn eine Frau auf dem Rücken liegt, braucht sie keinen Namen mehr.
Und ausgerechnet darin war ich gut.
War manchmal so lange so gut, bis ich nicht mehr wusste, wo mein Kopf lag.

Lehnen tut er gewöhnlich auf der blassen Schulter,
müde, lasziv. Und vorne hat der Kopf ein Gesicht, in
Linie angebracht ist das spitze Kinn, die Nase, die blutroten Lippen.
So wurde ich hinter verschlossenen Türen komponiert,
die Knie gewinkelt, die Strümpfe schwarz, die Wäsche
weiß.
Ich war die Ausstattung unserer Wohnung.
Ein Leben lang tat ich bewegungslos, tat es andauernd.
Ich hätte gewarnt sein können.
Aber hätte ich gewusst, wie lange so eine Ansichtssache
bleibt, wie lange so etwas zusätzlich und ungewollt überlebt, hätte ich mich dann weniger oft hingelegt?
Sicher, ich wollte bei ihm bleiben. Aber so?
Obwohl ich für ihn stand, saß, lag, ließ er mich fallen.
Dabei habe ich oft für ihn gestanden, gesessen, gelegen,
hab ihm mein ganzes Kapital hergerichtet, richtig ausgerichtet, die Hände schon müde vom vielen Greifen und
Festhalten, erschöpft vom Geben und Nehmen,
weil die ganze Welt allerorts und allerseits
nur aus Geben und Nehmen besteht.
Die einen konzentrieren sich mehr aufs Nehmen, mir
blieb das Geben.
Hier und hier und hier, bis die Finger schlaff und knochig über dem Brustbein einschliefen.
Und das hat er dann auch festgehalten.
> Da, bitte schön, ich bin ein verbrauchtes Symbol
> meiner Zeit.
Aber niemand kann meine Müdigkeit sehen.
Suchen sie mich, werden sie schon sehen, ich bin nicht
auf Anhieb auffindbar.

Keine Sorge. Das war immer so.
Die gierigsten Augen wissen schon, wo ich zu finden bin, dort im Hinterzimmer, in der Dunkelheit, da wartet das billige Mädchen.
Obwohl ganz billig war ich nicht, zählt man die Beträge zusammen, die für das Anschauen bezahlt wurden, und noch werden.
Trotzdem hat man mich in die dunkle Kammer verfrachtet. Abgeschottet von den sauberen, öffentlichen Blicken.
Na, weil ich die Beine halt so und so mache, wenn jemand sagt, ich solle die Beine so und so machen.
Deshalb gehöre ich weggesperrt. Anders kann ich mir das nicht erklären.
Sie werden ihre Gründe haben. Kein Blick findet mich.
Stattdessen schweifen die kultivierten Blicke über die Begünstigten in der ersten Reihe:
vollgenährte Weiber im Goldrahmen, die Madonna, die singende Mutter, das Mädchen vom Åsgårdstrand, das Dienstmädchen, die Bäckerin, die Tochter, die Waise, die Schriftstellerin, Frauen mit Sonnenschirmen, mit Sonnenhüten, mit Blumen im Haar, Macbeth und die Hexen, Windsbräute, Ginger Rogers, Maria, Anna, Frauen auf dem Markt, fünf Badende, die Frau des Künstlers, dass ich nicht lache!
Die Frau des Künstlers – ja, die hängt im Hellen!
Die kommt ganz nach vorne, aber die Dirne gehört ins Abseits, wieder mal.
So eine Grabennymphe wird der Gesellschaft nicht präsentiert, wieder mal.
Die wird auch nicht günstig geheiratet, die bleibt

höchstens Geliebte, denn ihr offeriert der aufstrebende
Herr im Café Eichmann immerhin noch zwei Wochen
Urlaub pro Jahr, damit sie auf Miete ausharrt, schließlich war ihr Liegen über die Jahre teuer erworben.

Es ist mit der Frau wie mit der Ware:
Sie wird gekauft und verkauft,
mal heimlich, mal öffentlich,
und meistens mit Gewinn für die Männer.
Aber mit der Sichtbarkeit ist das eben so eine Sache.
Das längst Glänzende wird immer extra beleuchtet.
Da kannst du mit noch so guten Linien versehen sein,
wenn dir die Armut wie eine Schattierung folgt, dann ist
es um dich geschehen, Mädchen.
Da heiratet der Strubbelkopf eben doch die reiche Nachbarin Edith.
Und du kannst als Krankenpflegerin ins Kriegsspital
und später immerhin nach Sibenik, um dort noch mehr
zu geben.
Da ist es ganz egal,
wie oft du dich wie hingelegt hast,
wie oft du an- und ausgezogen der Nachwelt ein Vorbild
warst.
Es spielt auch keine Rolle, ob du ihm nach dieser Sache
in Krumau, dem Sommer in Neulengbach und St. Pölten,
nach der Sache mit dem entlaufenen Mädchen, den beschlagnahmten Grafiken, als er vierundzwanzig Tage
in Untersuchungshaft musste, ob du ihm da Pinsel und
Bleistift ins Gefängnis gebracht und nach seiner Entlassung am Bahnhof gewartet hast.
Am Ende bist du die auf dem Rücken liegende Frau.

Bist die, die sich für Geld hingelegt hat.
Dabei hab ich den Strubbelkopf geliebt – und zwar ganz umsonst.

Aber Liebe ist kälter als Geld. Und mein wahrer Wert ist schnell gezählt. Zusammengekratzt bin ich ein Häufchen Blei auf Papier, immerhin, auf etlichen Papieren, die jetzt alle anglotzen und so tun, als verstünden sie seine Sicht.
Dabei spüre ich keinen Unterschied zu damals, zu meiner Käuflichkeit als Kindsfrau.
Der erkaufte Blick bleibt unverschämt.
Aber selbst diese Genugtuung wird mir hier verwehrt, ich hänge mit den Randständigen im Schatten.
Gewiss, wir alle sind Teil einer ansehnlichen Sammlung, aber sollen gefälligst im Hinterstübchen verharren, bis unsere Zeit gekommen ist – und je früher sie kommt, umso eher ist sie vorbei.

> Ich lebe, bis ich sterbe,

hab ich mir einst gedacht,

> > und beim ersten Versuch dauerte das gar nicht so lange.

Kaum hatte ich einen Ausweg an die Kriegsfront bei Split gefunden, kaum hatte ich mich vom ständigen Festhalten gelöst, von seinen Bleistiften und Pinseln – da malte mir Gott persönlich eine scharlachrote Zunge, und der Tod kaufte es ihm ab.
Doch nicht mal gestorben ließ man mich gehen.
Der Strubbelkopf hatte mich zu oft aufs Kreuz gelegt.
Es ist keine Schande, gezeichnet zu werden, geschweige denn gezeichnet zu sein.

Aber diese Unsterblichkeit ist es – namenlos habe ich mein zweites Leben zu leben.
Er hat aus seinen vier Silben etwas gemacht,
er hat sie hingekritzelt, hat sie umkreist, und sie haben nun ihren Preis.

Und ich? Was ist mit mir? Wally Neuzil.
Walburga Neuzil!
Das sind meine Beine, meine Füße, mein Bauch, meine Arme, mein Kopf.
Das ist mein Arsch, das sind meine Titten, das ist meine Vulva.
Ich nenne sie so, weil es meine sind, meine!
Mehr als das: Da liegt mein Alles – auf meinem Rücken.
    ICH bin das. WALBURGA NEUZIL!
Aber darunter steht sein Name.

JEANNE HÉBUTERNE

Was ich will

Es war mir immer gleichgültig, wie sie mich finden würden. Und wann.
Um circa sieben Uhr morgens, meinetwegen. Und wo.
Auf dem eisigen Gehsteig. Und wie.
Ohne Hut. Fast ohne Kleider. Ohne aufrechte Haltung.
Am Schluss finden sie mich tatsächlich auf der Rue Amyot in Paris.
Der Sonntag beginnt kalt, und das Quartier Val-de-Grâce ist fast menschenleer. Es ist der 25. Januar 1920.
Zwei frühe Kirchgänger sehen mich von Weitem, ein Häufchen Mensch auf Stein, leblos.
Den Kopf zerschlagen, die Arme verdreht, der lange Hals ebenfalls.
Ja, ich bin tot, aber was ist das da unter dem Nachthemd? Der weiße Stoff gewölbt, vom Blut gerötet. Hier kippt der Skandal ins Tragische.
Ja, ich bin tot, genau wie das acht Monate alte Kind in mir. Die Passanten schlagen Alarm, und bald weiß es halb Paris: Jeanne Hébuterne ist tot. Auf der Straße zerbrochen, das junge Leben, die zwei jungen Leben – aus dem fünften Stock gefallen!

Amedeo Modigliani, *Jeanne Hébuterne au grand chapeau*, 1918

Sie war doch erst zweiundzwanzig Jahre alt!
Zu früh,
finden viele.
Endlich,
finde ich.
Denn Jeanne fiel nicht, sie stürzte nicht – sie sprang.
Und zwar aus freiem Willen.
Einige fanden ja kopfschüttelnd, ich hätte gar keinen freien Willen gehabt. Fanden, ich sei hörig gewesen, naiv und von Liebe ferngesteuert. Die glaubten wirklich, ich sei nur aus Verzweiflung bei ihm geblieben und hätte immer unter Zwang posiert. Die glaubten das, weil ich jung war, scheu, sensibel und eine Frau.
Nein, ich wollte alles genau so, wie es kam.

Schon als Kind wusste ich, was ich wollte, vermutlich schon seit meiner Geburt, die angeblich mehrere Tage gedauert hatte, als wollte ich nur widerwillig aus dem Schoß meiner Mutter schlüpfen. Ich wusste es bei meinen ersten Schritten im Wohnzimmer, wusste es trotz des cholerischen Vaters und trotz der gefügigen Mutter, die bei jeder schnellen Handbewegung den Kopf einzog. Die katholischen Eltern hatten meinem starken Willen wenig zu bieten. Was ich wollte, fand ich nicht in unserer tristen Wohnung, also beobachtete ich die Straße und die vorbeigehenden Menschen, schrieb alles in mein Tagebuch und zeichnete wie mein älterer Bruder André. Wenn am Wochenende Besuch kam, tätschelten sie mir den Kopf und fanden es hinreißend, dass ich offenbar meinen großen Bruder nachahmte. Aber ich zeichnete nicht wegen ihm. Ich zeichnete für mich. Und obwohl es die Wahrheit war, fiel es seltsamerweise nie jemandem auf: Er zeichnete nur wegen mir.

André und ich wussten: Mein Talent war größer. Ich brauchte ihn nicht. Trotzdem studierten wir beide Malerei und Zeichnen an der Académie Colarossi und wohnten sogar zusammen in Montparnasse.

Was für eine wilde Zeit! Meine Augen waren hungrig. Paris wollte gesehen und wollte gemalt werden. Es schrie förmlich danach. Und dieses Paris entschied sich eines Tages, auch mich zu sehen und zu malen.

Das Café la Rotonde war wie eine reizvolle Schaubühne: Journalistinnen, Maler wie Picasso, Poetinnen wie Beatrice Hastings, dann Berthe Weill oder Chaim Soutine, Tsuguharu Foujita – sie alle zogen mich an. Der Absinth ließ ihre Augen funkeln, sie wollten mich sehen, und sie nannten mich die Kokosnuss. Wegen meinen kastanienbraunen Haaren und wegen meiner milchweißen Haut.

>Deine Augen, Mädchen,

sagten sie,

>>so verloren, hellblau und eisig wie ein Januarmorgen.

Und mit diesen Augen entdeckte ich an einem ausgelassenen Abend, wonach ich ein Leben lang gesucht hatte. Es war April. Der Frühling machte sich bereits bemerkbar. Gelächter, der Geruch von Wein und Pastis lagen in der Luft, und aus den Ecken schlich eine Ahnung von Opium. Zigaretten und Haschischpfeifen qualmten. Rauchschwaden vernebelten das Bild, sodass die Gäste ihre Hälse recken mussten, um die Neuankömmlinge zu erkennen. Der Pianist pausierte, die Farben des Hinter-

grunds zerflossen, und dann sah ich ihn: Mitten in dieser Masse aus Rausch und Geraune stand er.
Amedeo.
Und sofort wollte ich ihn. Er war der Beginn meines Wollens.
    Jemand hätte mich warnen sollen,
fanden viele im Nachhinein.
Oh, aber das haben sie.
    Dieser Modigliani! Ein Schwein und eine Perle,
    ein komplizierter Charakter,
sagte Beatrice Hastings etwa giftig,
    außerdem ist er hässlich, wild und gierig.
Dass er auch gewalttätig war, erwähnte sie nicht.
Ich hätte es besser wissen sollen.
Mag sein, aber ich wollte eben nur ihn.
Ihn und ihn und nochmals ihn.
Er war anders, weil er mich anders fühlen ließ. Für ihn war ich einzigartig, also ließ ich mich nur noch von ihm malen. Ich war das Gesicht, nach dem er gesucht hatte, seine Statue, seine Fläche, war die pupillenlose Frau, war lang, schmal, war das, was er in mir sah. Und so wollte ich für ihn sein.
Natürlich widersprachen meine Eltern dieser Verbindung vehement. Erst recht, als ich zu ihm in die Rue de la Grande Chaumière zog.
    Zu diesem Modigliani?,
tobten sie beim Sonntagsessen.
    Unmöglich! Zu italienisch, zu jüdisch und zu
    arm – so einen kannst du nicht wollen. Zu so
    einem zieht man doch nicht freiwillig. Das ist
    Entführung einer Minderjährigen!

Von wegen. Ich wollte ja entführt werden.
    Du bist erst siebzehn,
sagte sie kopfschüttelnd,
        du weißt nicht, was du da tust.
Dabei verstand ich sehr wohl, dass Wissen hier gar keine Rolle spielte.
Mein Gefühl war alles. Und dieses Gefühl war längst zu groß geraten. Es war sogar größer als Amedeos düstere Momente, die sich oft in unser Leben fraßen.
    Ich will dir etwas bieten, Jeanne,
sagte er zu mir, aber er konnte mir nichts bieten, weil er arm war, und weil er arm war, wurde er wütend, und weil er wütend war, trank er, und weil er trank, schlug er zu. Aus Liebe allein wollte er seine Armut zerschlagen – und traf dabei mich.
Nur weil er mich liebte, zerrte er an meinen Haaren, hielt mich, schüttelte mich und stieß mich gegen die Gitterstäbe des Jardin du Luxembourg. Viele verstanden das nicht, aber aus reiner Leidenschaft brandete er auf zu einem Sturm und verebbte wieder ins Versöhnliche, ins Ruhige, wo wir zwei gute Menschen waren.
Wir malten uns gegenseitig, malten gemeinsam.
Ich verstand ihn. Und er verstand mich, auch wenn es noch gewisse Leerstellen gab.
    Erst wenn ich deine Seele kenne, werde ich
    deine Augen malen,
erklärte er beim Skizzieren mehrfach, also wartete ich geduldig und tat derweil mein Bestes, noch besser erkannt zu werden.
Mein Amedeo, ich war seine Madonna, seine Venus, sein lebendiges Wesen, das er vor sich sehen konnte,

wann immer er wollte und wie er wollte – weil ich es wollte.
Wenn er in La Rotonde trinken ging, schlief ich alleine auf dem alten Sofa im kalten Atelier. Oft weinte ich in die Dunkelheit, überwältigt von der Tatsache, ihn so sehr zu wollen. Ihn und unser Kind, das in mir wuchs.

Doch der Krieg kam näher. Die Front stieß bis nach Paris vor, und hässliche Klänge drangen bis in die Stadt hinein. Das Wummern der Bomben wurde lauter, und der Wind trieb es durch die Gassen wie einen aggressiven, ungebetenen Gast. Wir änderten unsere Pläne und flohen mit den Zborowskis und meinem Bruder André nach Cagnes-sur-Mer. Eine gute Entscheidung. Der Frühling an der Küste erwartete uns mit neuer Hoffnung und einem zauberhaften Licht. Die Sonne über dem Fischerhafen ließ das Mittelmeer glänzen, und sie brannte bei den Spaziergängen auf meinen großen Hut. Er schützte mich und war gleichzeitig ganz passend, da er stets einen breiten, tiefen Schatten auf mich warf – ganz egal wie hell die Welt mir erscheinen wollte.
Doch der November in Nizza brachte uns schließlich die Lebensfreude zurück: Die kleine Jeanne war da!
Amedeo rannte wie ein Verrückter durch die Straßen und schrie die Neuigkeit in die Welt hinaus, jedem Fischer, jedem Flaneur schrie er seine Vaterschaft ins Gesicht.
Nach der wilden Feier saß er bei mir am Wochenbett, streichelte das Gesicht seiner Tochter, küsste meine blasse Stirn und versprach, die kleine Jeanne anzuerkennen.

Sobald ich meine Papiere finde,
sagte er,
dann sind wir alle offiziell vereint.
Bald, ganz bald ist es so weit,
beteuerte er mir mit seinen weichsten Worten, doch sein Gesicht wurde immer härter und magerer. Die Krankheiten und der Alkohol zehrten an ihm. Trotzdem wollte ich meine Zukunft nur mit ihm.
Zugegeben, zurück in Paris, war von diesem Willen nur noch wenig übrig. Die Schatten waren über mir hängen geblieben. Ich kam kaum mehr aus dem Bett, ich konnte nicht mehr malen, ich konnte niemanden mehr treffen. Unsere Künstlerfreunde hatten das Quartier wegen des Krieges verlassen, und auch Amedeo war oft wochenlang weg, unterwegs zu Ausstellungen in London und Heale.
Eine Finsternis setzte sich in mir fest und wuchs, genau wie das zweite Kind in mir. Immerhin brachten Amedeos Erfolge in England einen Hoffnungsschimmer zurück nach Paris. Stolz wie ein Junge zeigte er mir die Zeitungsausschnitte und Journale. Die Kritiker sahen in ihm endlich das, was ich längst gesehen hatte. Und in seiner Freude betonte er erneut, er wolle mich heiraten und dem zweiten Kind ein guter Vater sein.
Der Herbstsalon stand bevor, und die ersten Interessenten meldeten sich. Das Geld war dringend nötig, es würde uns wenigstens über die nächsten Wochen und Monate bringen. Doch dann kam alles anders, es kam die totale Dunkelheit.
Die Krankheit zerfraß ihn. Ich sah zu und litt und hielt diesen Irrsinn nur dank meiner Liebe aus.

Die Tuberkulose ging in ein Delirium über, eine Hirnhautentzündung fesselte ihn ans Bett, ich wechselte die vom Fieber verschwitzten Laken, die Schmerzen verzerrten sein Gesicht, und im Halbschlaf schrie er nach seiner Mutter.
Die Finsternis hatte uns fest im Griff und schwächte seinen letzten Lebensfunken, bis er an jenem Samstag in der Charité schließlich ganz erlosch.
Die Liebe meines Lebens ging davon und nahm meinen Lebenswillen mit.
Wer das lächerlich findet, hat nur noch nie so sehr geliebt.
Ohne ihn war nichts mehr. Meine Eltern und André ahnten diese Leere und nahmen mich zu sich in die Rue Amyot. Sie wollten mich einmal mehr beschützen. Und zwar vor meinem eigenen Willen. Die meiste Zeit schlief ich vor Erschöpfung und Trauer. Tagsüber hielt André am Bett Wache, er ließ mich nicht aus den Augen, aber nachts, im Schutz der Stille, fand ich endlich einen Ausweg. Das Fenster im fünften Stock.
Das Scharnier ging leise auf. Die kalte Nachtluft umarmte mich freundlich. Ich schloss meine Augen, verbarg das hellste Hellblau meiner unerkannten Seele und machte den letzten Schritt.
Ich fiel nicht – ich schwebte, hinaus in die Luft über Val-de-Grâce, ich flog über den Jardin des Plantes, nordostwärts über die Seine und zu ihm – zu seinem eingravierten Namen. Obwohl die Kirchgänger meinen Körper später auf dem Gehsteig fanden, glitt meine hellblaue Seele doch längst dort hinein in sein Grab auf Père Lachaise, wo nach zehn Jahren des Wartens, nach dem

hartnäckigen Widerstand meiner Eltern, endlich auch mein Körper neben ihm zu liegen kam. Ich schlüpfte unter unseren schweren Grabstein, auf dem seither steht, was ich bin und immer war:
> *Eine hingebungsvolle Begleiterin bis zum extremsten Opfer.*

Dort finden sie mich jetzt. Und nur dort will ich gefunden werden.

Lange herrschte Stille – Grabesruhe für zweiundsechzig Jahre.
> Das sollte eigentlich das Ende sein,

fanden viele.
Auch mein Bruder André fand das.
Wie gesagt, es war mir immer gleichgültig, wie sie mich mal finden würden.
Aber im Jahr 1992, als jeder schon dachte, das sei sie nun gewesen, die Geschichte der Jeanne Hébuterne, da fanden sie plötzlich ganz Unerwartetes von mir. Nach dem Tod von André räumten sie dessen Keller – und da waren sie: Meine vergessenen Zeichnungen, meine Malereien und Ölgemälde.
Meine Werke. Sie leben weiter.

VALENTINE GODÉ-DAREL

Halt meine Hand

Es hat bestimmt noch Kaffee in der Küche.
Koch dir ruhig welchen, Ferdinand, ich mag es, wenn es hier nach Leben klingt.
Immerhin schaust du mich an. Von da drüben zwar, aber noch kommt dein Blick bei mir an. Obwohl sich mein Körper längst vom Leben verabschiedet hat.

Weggezaubert, weggestrahlt, weggemalt.

Du willst mich mit deinem Schauen festhalten, aber du schaust sowieso nur auf die Umrisse und das Licht. Mich hast du längst ausgelassen. Es ist der Prozess, der dich interessiert. Die Verwandlung. Der Verfall. Alles andere ist dir zu feinstofflich. Mein wahres Ich kannst du nicht malen.

Wie geht es Pauline? Sie läuft schon ganz gut, wie ich höre.

Trotz deinem Schmerz kommst du immer wieder nach Vevey. Wirst sogar noch kommen, wenn ich nur noch

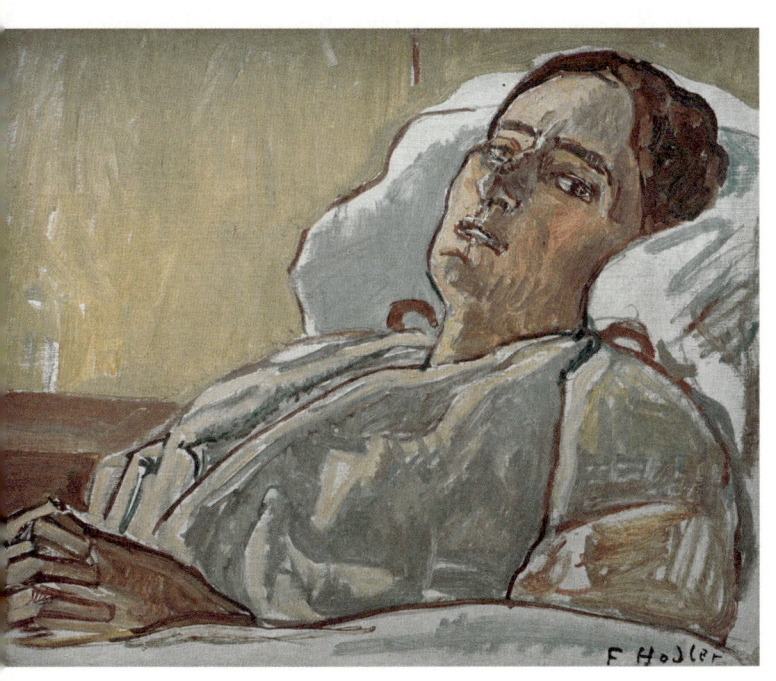

Ferdinand Hodler, *Valentine Godé-Darel im Krankenbett,* 1914

Skelett bin, Haut und Knochen, sogar das kannst du irgendwie malen. Alle werden sagen, dass es schonungslos sei, Ferdinand, ein Abbild deines Leidens, dabei ist es mein Leiden, das du mir da vom Körper wegstiehlst. So wie die Krankheit mir das Leben weggestohlen hat, mir sogar das Kind weggestohlen hat, hinaus aus meinem Körper, aus der Gebärmutter, deren Hals schon angegriffen war – und hinein in deine Familie, weil ich in der Klinik in Lausanne schon zu schwach war. Ich sehe es ja ein, konnte sie nicht mal halten, weil der Krebs und dann das Radium alles an und in mir zerfressen hat. Gegner überall. Die Krankheit, die Operationen und Therapien versuchen mich seither auszulöschen.

Dabei war ich mal dein »Fröhliches Weib«, war diese kräftige Amazone, deren Rücken du im blauen Kleid gemalt hast. Die Unabhängige, die Geschiedene, die Starke, die einzige Frau, die dir Paroli bieten konnte. Ich war die Ausnahme. Du hast deinen Hut gehoben zum ersten Gruß, 1908 war das, in dieser Galerie deines Freundes oder im Parc de la Grange oder in deinem Atelier oder unter dem Tour De l'Ile Sa.

Unser Anfang ist mir ungenau geworden. Die Bilder zerfallen. Sie zerfallen von den Rändern her.

Aber du wusstest sofort, dass ich es bin. Die Liebe deines Lebens, falls es so was je gegeben hat. Ferdinand, du hast immer die falschen Frauen geheiratet, nämlich die, die dich heiraten wollten. Alle anderen wollten ihre Freiheit behalten, und die hast du deswegen umso mehr geliebt. Genau von denen hast du Kinder gewollt und auch Kinder gekriegt.

Ich darf nicht an Pauline denken.

Ferdinand, welcher Tag ist heute? Draußen ist es kalt geworden, ich sehe es an den Fensterscheiben.

Mein Vorher gibt es nicht mehr, mein Paris, meine Arbeit, meine Kindheit. Ich bin hier gefangen, nur noch in diesem Nachher.

Ich bin eingenickt. Die Sonne ist schuld. Die Sonne ist überhaupt an allem schuld.

Im Traum habe ich mich doch erinnert: Wie du mich schon am ersten Tag mit deinen Augen aufgefressen hast, warst selber ein Krebs, aber ein gutartiger Begleiter. Wir gingen die Promenade du Lac entlang. Ich erzählte dir von meiner Arbeit. Ich war soeben aus Paris hergezogen und hatte mich erst in Genf einzuleben, war die schöne Porzellanmalerin, gescheit und kultiviert und kräftig. Jetzt bin ich selber zu Porzellan geworden. Bald bin ich ein kantiger Scherbenhaufen mit offenem Mund.

Aber du kennst das ja alles schon, Ferdinand, hast alle sterben gesehen, den Vater, alle Geschwister, auch die Mutter, die tot auf dem Feld zusammenbrach und die ihr Kinder dann mit dem Karren heimgezogen habt. Später auch deine geliebte Augustine. Es ist, als trügest du den Tod mit dir herum, damit er dir nach und nach deine Liebsten abtötet. Nur dich hat er bisher verschont, Ferdinand – du zeichnest einfach weiter, als könntest du so alle überleben. Aber ich muss dich enttäuschen.

Bei gutem Wetter sehe ich die Berge von meinem Bett aus. Das Licht lässt das weiße Gebirge leuchten. Ich konnte mir die Namen der Gipfel nie merken. Und jetzt ist es sowieso zu spät.

Schau mich richtig an, Ferdinand, sei mutig und schau deine Valentine an.
Du bist doch sonst immer so unerschrocken gewesen – und ein sturer Kopf. Hast letztens sogar diesen Protestbrief gegen den Beschuss der Kathedrale in Reims unterschrieben, diesen kranken Unfug der deutschen Truppen, weswegen sie dich jetzt aus den Künstlervereinigungen ausschließen. Da hast du den Folgen doch auch ins Auge geblickt. Darauf bin ich stolz, Ferdinand, dass dir das Marschieren fürs Vaterland immer ein Graus war und überhaupt alles Nationalistische. Diese dummen Ideen von Einheit und Reinheit und Uniform. Wir beide wissen doch, dass die Welt nur dank ihrer Farben so wunderschön ist.

Schau, wie das Licht vom Fenster über meinen Körper kriecht. Ohne Zeit keine Bewegung. Ich versuche ein Lächeln. Für dich.

Komm doch näher ans Bett und miss mich nicht bloß mit den Augen, vermiss mich mit deinem Herzen – noch bin ich ja da, noch hast du mich vor dir.

Du vergeudest unsere letzten Tage! Kommst extra nach Vevey, aber alles, was du tust, ist zeichnen und skizzieren! Du weidest mich aus! Wie ein sterbendes, halb totes Tier. Nimmst mir jede starke Linie, die mir noch geblieben ist. Du entziehst mir die Farben. Und deine traurigen Augen weichen mir aus. Jetzt schau mich doch wenigstens richtig an. Ich kann doch auch nicht mehr!

Manchmal erwache ich, und du sitzt neben meinem Bett. Im Halbschlaf skizzierst du den Sonnenaufgang über dem Genfersee. Das ist alles. Das ist schön.

Die letzte Nacht war unruhig. Es gab Stimmen in den Straßen und Feuerwerk.
Schon wieder ein neues Jahr, ein nächstes wird es nicht mehr geben. Die Zeit eilt uns davon. Immerhin hatten wir fast sieben Jahre. Und wir haben Pauline – was wird nur aus Pauline werden? Meine Pauline, meine kleine Paulette, ich darf nicht daran denken. Schaut deine Frau Berthe in Genf gut zu ihr? Bestimmt, ich weiß es, aber dieser Schmerz, Ferdinand, er übertrifft alle anderen tausendfach.

Sie ein letztes Mal halten. Nur das.

Ferdinand, versprich mir, auch wenn du mich jetzt nicht mehr anschauen kannst, schau später unsere Pauline an und erinnere dich an mich. Das wird dir bleiben. Deine Bilder von mir sind hässlich und gehören uns bald sowieso nicht mehr. Aber die in deinem Kopf bleiben schön.

Die ständige Malerei hat dir nichts gebracht, sie bringt zumindest niemanden aus dem Totenreich zurück. Und eines Tages wird der Tod auch dich holen. Ich hör doch, wie deine Lunge pfeift. Bald wird dir die Luft ausgehen. Dann kommst du mir nach, ja?

Seit Weihnachten und Neujahr wirkst du so kränklich, die Trauer höhlt dich aus. Keine Sorge, es dauert nicht mehr lange, ich bin eigentlich schon fast weg, bin schon fast aus dem Bild gestorben. Sei getröstet, am Ende überlebt niemand. Nur tote Bilder und lebendige Erinnerungen bleiben.

Will ich überhaupt hierbleiben? Hast du mich je gefragt? Ich kann mich nicht mehr erinnern. Die Erinnerung schrumpft eben mit. Sie verwest voraus.

Siehst du das auch, Ferdinand? Ich werde langsam zu Himmel und Horizont, zum stillen Wasser des Genfersees. Ich bin die Berglandschaft, die du so sehr liebst, im Morgenlicht meiner Wohnung, die Bergkanten mein Körper, das Bettlaken mit Höhen und Tiefen – alles ich. So könnte es gehen. So möchte ich bleiben. Als Ausblick.

Du und deine verdammten Stifte! Willst mich mit ihnen im Leben halten, du Dummkopf! Kopierst mich ständig ins Jetzt. Du siehst zwar viel, aber du verstehst es einfach nicht! Ferdinand, ich darf nicht sterben, aber ich muss. Ich höre dein Gekritzel. Du zeichnest und zeichnest, du willst, dass alles am Leben bleibt – und ich darf nicht tot sein.

Bitte komm her, und lass den Irrsinn eine Weile sein, lass es gut sein.
Du hast doch schon so viele, bald sind es achtzehn Bilder. Du brauchst mich dafür nicht mehr. Es ändert ja doch nichts, Ferdinand.

Ich verschwinde und werde doch da sein, auch in hundert Jahren noch. Aber jetzt würde ich gern deine Hand halten, wäre gern dein Stift, und nicht bloß die liegende Vorlage für deine Linien – mögen sie später noch so unsterblich sein.

Sag Pauline, dass ich sie liebe.

Halt meine Hand, Ferdinand.
Leg den Stift weg und halt bitte meine Hand!

Ein letztes Mal den Regen sehen. Nur das.

Alice Neel, *Alice Childress,* 1950

ALICE CHILDRESS

Nicht meine Rolle

Der Bühnenmeister zieht am Seil.
Vorhang hoch, Scheinwerfer an, Augen auf.
>Und was sehen die Zuschauer?
>Welche Rolle spielt denn diese Frau, deren Namen ich trage?

Die Sitzende, die Schauende, die Denkende.
Eine Vierunddreißigjährige aus Spanisch Harlem, gewiss.
Alice Childress, geborene Herndon, gewiss.
Eine Spielende, eine Schreibende, eine Schwarze Frau, gewiss.
>Was aber, wenn sie jede dieser Rollen strikt ablehnt?
>Wenn sie kein Rollenmodell sein will?

Die Frau dort am Fenster mit den gefalteten Händen spielt sich selbst.
Und sie stellt verdammt viele Fragen.
Ein Trick, eine Strategie, um von meiner Person abzulenken.
Denn meine Geschichte kenne ich schon.
Ja, das bin ich. Oder zumindest das, was die andere Alice damals sah.

Alice Neel malte mich an einem Nachmittag in diesem
Wohnzimmer in Uptown.
Ich muss zugeben, ich freue mich über diese Verkettung,
diese Verschachtelung, verrückt wie im Wunderland:
Alice hielt Alice fest,
deren Kopf wiederum
weitere Figuren festhielt.
Großartige Geschichten
von treuen Gemüseschälern und Candy-Makers,
Storys von traurigen Lastwagenfahrern und Lovers,
da sind Bäcker und Metzger und Taxifahrer,
schwangere Verkäuferinnen,
Zeitungsjungen und Fußsoldaten.
Auf den ersten Blick alles gewöhnliche Menschen
aus Harlem,
die gerade wegen ihrer Gewöhnlichkeit
so zauberhaft ungewöhnlich sind,
die wenig oder gar nichts besitzen in einer Welt,
in der Besitz alles zu bedeuten scheint.
Und doch sind sie unfassbar reich,
weil sie weinen und wüten können,
weil sie feiern und trauern und sich lieben
und füreinander da sind, wenn es darauf ankommt.
Ich sehe sie in ihren kleinen Apartments,
im Post Office oder im Grocery Store.
Ihre Leben tanzen mir durch den Kopf,
noch ungeschriebene Geschichten,
die sich voller Kraft aufs Papier drängen.

Aber um ihre Geschichten festzuhalten, brauche ich
meine eigene Vorgeschichte, und es braucht die darin

verwobene Vorvorgeschichte meiner Großmutter Eliza Campbell White, meiner Nana.
Sie war die Tochter eines Sklaven. Sie wuchs in South Carolina auf, dort in Charleston, wo auf den Sea Islands vor der Küste einst die Gullah wohnten, in Holzhütten und dem Wetter ausgeliefert.
In meiner Geschichte überstrahlt Nana alle. Miss Eliza Campbell ist der heimliche Star des Stücks. Sie gab einen Dreck darauf, was die anderen von ihr dachten. Als Mom und Pa sich trennten, holte Nana mich nach New York in die 117th Street, obwohl sie selber kaum genug Geld hatte und beim Grocer immer anschreiben lassen musste. Nana erzählte mir früh allerlei Storys vom Leben der anderen. Wie der Sohn der Schneiderin mit den falschen Freunden auf die schiefe Bahn geriet. Oder die traurige Liebesgeschichte der mutigen Miss Julia und des weißen Metzgers von gegenüber. Und Nana war die Einzige, die mir auf eine sanfte, poetische Weise etwas befehlen konnte:

> Deine Träume sind die fallenden Blüten eines Kirschbaumes, Alice, folge ihnen!
> Alice, jage deinen Talenten hinterher – sei eine Löwin!
> Lesen und Schreiben, Alice, sie sind dein Revier, du musst dich darin auskennen, nur so gewinnst du jeden Kampf!

In meiner Story braucht es Nana. Mit ihren Erzählungen ließ sie all diese Figuren in meinem Kopf entstehen. Seither bewohnen sie mich, verfolgen mich, drängen sich auf und erlauben es mir, sie niederzuschreiben.
So lange, bis sie zufrieden sind und verschwinden.

Meine Großmutter spielt mit in dieser Szene am Fenster.
Ohne sie hätte ich nie das nötige Geld verdient damals – für mich und die Schule. Ohne sie hätte ich nicht gejagt und gekämpft und mich durchgeboxt als Maschinistin, als Versicherungsagentin, als Foto-Retuschiererin und Heimwerkerin. Ich war fleißig wie eine Ameise, wollte mehr vom Leben und schaffte es an die Drama School des American Negro Theater in Harlem.
Elf Jahre lang spielte ich die Leben der anderen. Spielte meine Rollen auf der Bühne, am Broadway, im Erfolgsstück *Anna Lucasta*. Ich spielte das Spiel mit. Aber es war das Spiel der anderen, das genau wie das ganze Leben bloß ein Business voller Vorurteile war.
Wenn mich die andere Alice nicht bei diesem Rollenspiel mal gesehen hätte, säße ich jetzt nicht hier am Fenster.
Und ich säße nicht hier, wenn mir die gespielten Rollen genügt hätten.
Nein, diese dummen, papierenen Klischees waren nichts für mich, und auch nichts für meine Mitspieler. Schöngefärbt oder abgewertet wurden wir auf der Bühne präsentiert. Zwischentöne gab es keine. Die Bandbreite der damaligen Autoren und Regisseure war äußerst begrenzt. Natürlich fiel ich geradewegs zwischen das Spektrum, war ihnen zu hell für Schwarz und zu dunkel für Weiß. Ich mochte diese Rollen nicht, also schrieb ich meine eigenen. Aber nicht für mich.
Für andere.
Ich erzählte die Welt so, wie wir sie damals erlebten in Uptown Manhattan. Und ich kann Ihnen sagen, das war

endlich verdammt gutes Material, weil es endlich verdammt echt war. Ich wechselte von der Spielerin zur Beobachterin.

Dieser Seelensammlerin Alice Neel konnte ich sowieso nichts vorspielen. Die gierige Beobachterin sah alles, was ich ihr darbot:
Die stolze Haltung mit Hut,
die roten Nägel, das Medaillon,
den Taft, das elektrische Blau –
das alles gab ich ihr gerne.
Nur meinen Blick, den schenkte ich ihr nicht.
Nein, mein Blick gehört der Welt da draußen.
Ich muss doch sehen, was es zu erzählen gibt,
wenn Nana schon nicht mehr da ist,
um mir beim Abendessen zu berichten
von all den Menschen im Viertel,
vom Harlem River Park
bis runter zur 96sten Straße.
All diese Frauen, Männer, Kinder,
die ihre Geschichten
wie gefüllte Taschen
mit sich herumtragen, vollgepackt –
manchmal schwerer, manchmal leichter,
ich will ihr Gewicht sehen, hören, fühlen.
Den letzten langen Händedruck zum Abschied,
zwei alte Kaffeetassen auf dem Küchentisch,
das Herbstlicht in den Blättern einer Eiche,
Gold Through The Trees
am Harlem-Meer,
es schimmert und glänzt,

wie ein goldenes Mosaik, ein Panoptikum,
ein Rauschen aus Stimmen
und willkommenen Wahrheiten –
Knock-knock, knock-knock,
sie klopfen an mein Gehirn,
sie eilen durch meine Gedanken,
ich muss mit ihnen mithalten,
Alice muss mitschreiben,
wie die andere Alice mitmalen muss.
Menschenbilder aus der Nachbarschaft,
Schwangere, Mütter, Kinder, Künstler, Arbeiter,
echte Menschen, die es verdient haben,
länger zu leben, als ihr Leben tatsächlich dauerte.
Die es verdient haben, gemalt zu werden, erzählt zu
werden – und zwar so, wie sie sind.
Verletzlich, glaubwürdig – mit Würde.
Denn so spielen sie die Rolle ihres Lebens,
und so sollen sie sein dürfen – dafür kämpfe ich.

Aber wer für Menschen kämpft, macht sich schnell verdächtig.
Ich wusste schon, dass das FBI mich überwachte. Sie hatten es auf die Künstlerinnen wie mich abgesehen. Die *May Day Parade,* das *Committee of the Sojourners for Truth and Justice,* das *Committee for the Negro in the Arts,* die *New Playwright, Incorporated,* die unzähligen Benefiz-Veranstaltungen – ich gab ihnen schließlich allerhand Material, das sie mit ihrem Vokabular zusammenfassen konnten:

> Marxistische Autorin nutzt ihre Storys für kommunistische Propaganda

und plädiert für die Befreiung aller unterdrückten Menschen.
Die Akten über mich wuchsen und wuchsen, aber wie meine Nana damals, gab ich einen Dreck darum.
Ich schämte mich nicht, am Leben zu sein.
Wir müssen uns wehren, nur so sprengen wir die verstaubten Rahmen. Wie Wiletta Meyer in meinem Stück *Trouble in Mind*. Oder das Liebespaar Julia und Herman in *Wedding Band, A Love/Hate Story in Black and White,* das die Angsthasen 1962 am Broadway nicht spielen wollten, weil den Produzenten der Schluss zu *risky* war.
Aber den Text zu ändern, kam nie infrage.

Irgendwann wird das Stück dann schon gespielt, dachte ich mir, und ich hatte recht: Zehn Jahre später wurde es beim Shakespeare-Festival gezeigt.
Spät zwar, aber immerhin.
Ich habe mich mittlerweile daran gewöhnt.
Die Zeit hinkt.
Sie hinkt für die, die der Zeit weit voraus sind.
Und sogar für die, die das Selbstverständliche fordern.
Ich hasse es, die Erste zu sein.
Die erste Frau, die einen Obie Award gewinnt.
Die erste Schwarze Frau, die in einem Off-Broadway-Stück Regie führt.
Die erste afroamerikanische Frau, die ein Stück schreibt, das am Broadway gespielt wird.
Die Erste hier, die Erste da – die Erste, die Allererste, wirklich?
Dabei sollte ich doch die Fünfzigste oder die Zehntausendste sein!

Es ist eine Schande!
>Und was für ein Bild hat man jetzt von mir?
>Welche Rolle spiele ich in der Geschichte?
>Eine Heldin? Was heißt das schon?

Ich trage den Hut wie eine Krone. Das Amulett wie einen Schatz.

Stolz ist auch bloß ein Kleid.

Die Welt soll hinschauen. Auf Augenhöhe.

Solange sie nicht ewig vor einem alten Bild verharrt.

Denn lange Wege werden nur bewältigt, indem wir immer weiter gehen.

NACHWORT

Die wunderbare Anmaßung der Fiktion

Dieses Buch begann mit einem Bild, das ich nicht fand. Für einen Theaterauftrag sollte ich ein Werk aus der Sammlung des Kunstmuseums Basel auswählen und dazu einen Text verfassen. Nach Sichtung des Katalogs entschied ich mich für Egon Schieles »Auf dem Rücken liegende Frau« und entdeckte darauf Walburga Neuzil. Im Museum allerdings war das Bild nicht ausgestellt, man hatte es vermutlich wieder ins Depot gebracht. Umso mehr wollte ich nun diese Frau ans Tageslicht bringen.
Ich entschied, den Text aus Walburgas Perspektive zu schreiben, aus der Sicht einer Frau, deren Name nirgends auf dem Bild zu finden ist. Ein Objekt, das nach Belieben um- und weggehängt werden kann und deren Geschichte hinter ihrer Körperlichkeit vergessen ging. Walburga Neuzil ist nur eine von vielen.
Ich forschte nach weiteren porträtierten Frauen, deren Gesichter und Körper vor aller Augen ausgestellt sind, deren Leben aber stets hinter der Historie des Künstlers oder der Künstlerin anstehen mussten.
Zwischen überlieferten Fakten und gestalteter Fiktion ließ ich die Frauen erzählen. Vieles ist erdacht. Kunst, insbesondere die Dichtkunst, ist immer Einbildung – im doppelten Sinne: Sie ist Imagination. Und sie ist Anmaßung.

Sich eines anderen – echten oder erfundenen – Lebens zu bemächtigen, kann nie bescheiden sein. Es ist durchaus dreist, die Perspektive einer Frauenfigur einzunehmen, die ich aus persönlicher Erfahrung möglicherweise nicht haben kann: ein Dienstmädchen aus dem 17. Jahrhundert, ein Waisenkind, eine italienische Adelige, Afroamerikanerinnen, Frauen aus Guadeloupe, französische Frauen, Aristokratinnen, Frauen aus Tahiti, Florenz oder Harlem, Tänzerinnen, Malerinnen, Pianistinnen, Prostituierte, Selbstmörderinnen, dreifache Mütter, Schwarze Frauen, Weiße Frauen, heterosexuelle, bisexuelle, homosexuelle Frauen, Kindsfrauen, alte Frauen, Frauen, die sexuelle Gewalt und Missbrauch erfuhren, die ermordet wurden, und Frauen, die an der Pest starben.

Diese Leben trotzdem zu erzählen, gehört zur wunderbaren Arbeit einer Autorin. Literatur ist immer Behauptung. Literatur ist lustvolle Grenzüberschreitung. Sie erzählt die Geschichten anderer.

Mit großem Respekt vor den ausgewählten Personen habe ich neunzehn Geschichten verfasst, in deren Zentrum die Erweckung eines in Vergessenheit geratenen Lebens steht. Die Episoden bleiben im Bereich des Fiktionalen, auch wenn Belege und Debatten zur Identität der Modelle, Entstehungsprozesse des Werks, Briefe, Tagebücher, Analysen und Expertenmeinungen berücksichtigt wurden. Die historischen Pfeiler und das Fundament an Fakten sind solide, darauf wird mit Erfindungskraft gebaut.

Die Auswahl der Gemälde geschah intuitiv. Oft entschied ich nach persönlichen Vorlieben und aufgrund der jeweiligen Lebensgeschichte. Mein Hauptanliegen

war es, diese omnipräsent gewordenen Frauen vom Fluch der reinen Körperlichkeit zu befreien. Ich wollte sie beim Namen nennen, ihnen eine Geschichte und vor allem eine Stimme geben. Dass textübergreifend und zwischen den Frauen Verbindungen entstanden, zeigt: Die Welt- und Kunstgeschichte ist nicht linear, sie ist ein Netz. Ein Netz, das diese Frauen wesentlich mitgesponnen haben.
Ohne sie gäbe es kein künstlerisches Werk, kein Staunen, kein Schauen – ohne sie wäre die Kunstgeschichte, so wie wir sie heute kennen, undenkbar. Sie waren nicht bloß dargestellte Objekte, sondern immer auch Mitarbeiterinnen, Unterstützerinnen, Trägerinnen, ein Spiegel ihrer Zeit, Ikonen, Inspiration, Partnerinnen, Retterinnen und in allen Fällen absolut notwendig.
Jede dieser Frauen hat ihr eigenes Leben gelebt. Dass sie für die Nachwelt künstlerisch festgehalten wurden, machte nur einen kurzen Augenblick davon aus.
Diese Frauen haben es verdient, wahrgenommen zu werden. Deshalb war ich so anmaßend, sie nochmals mit Buchstaben zu zeichnen.

Martina Clavadetscher, Frühjahr 2022

DANK

Die Autorin dankt der Albert Koechlin Stiftung Luzern,
dem Kanton Schwyz für die Monate in New York,
dem Hotel Laudinella St. Moritz für Raum und Zeit,
Carmen B. für den Anfang in Basel, Philine E. fürs
genaue, ehrliche Lesen, Maria U. für Paris und alle
Ermutigungen, Eva S. für den Spaziergang am Rhein
und ihre Meinung, Ariel D. für Pinball, Brooklyn und
die Gespräche, Martina B. für North Carolina und
das Zuhören, Marcel T. für alles.

NACHWEISE

Abbildungen

S. 8 Leonardo da Vinci, *Dame mit Hermelin*, 1489/90. The National Museum in Krakow.

S. 19 Raffael, *La Fornarina* (Porträt einer jungen Frau), 1518/1519. Adam Eastland Art + Architecture / Alamy Stock Photo.

S. 30 Rembrandt van Rijn, *Badende Frau*, 1654. ICP / Alamy Stock Photo.

S. 45 Jan Vermeer, *Mädchen mit dem Perlenohrgehänge*, 1665. akg-images.

S. 52 Angelika Kauffmann, *Selbstporträt* (mit Zeichenstift und Zeichenmappe), 1784. Bayerische Staatsgemäldesammlungen.

S. 70 Marie-Guillemine Benoist, *Portrait de Madeleine*, 1800. Fine Art Images / Heritage Images / Alamy Stock Photo.

S. 84 Eugène Delacroix, *Jeune orpheline au cimetière*, 1824. Painters / Alamy Stock Photo.

S. 94 Édouard Manet, *Olympia*, 1863. Jean-Pierre Dalbéra / flickr.com.

S. 115 James Abbott McNeill Whistler, *Symphony in White, No. 1: The White Girl*, 1862. Courtesy National Gallery of Art, Washington.

S. 122 Gustave Courbet, *Le Sommeil*, 1866. CC0 Paris Musées / Petit Palais, Musée des Beaux-Arts de la Ville de Paris.

S. 130 Gustave Courbet, *L'Origine du monde*, 1866. Heritage Images / Fine Art Images / akg-images.

S. 144 Vincent van Gogh, *La Berceuse*, 1889. The Metropolitan Museum of Art, New York, The Walter H. and Leonore Annenberg Collection, Gift of Walter H. and Leonore Annenberg, 1996, Bequest of Walter H. Annenberg, 2002.

S. 154 Paul Gauguin, *Vahine no te tiare*, 1891. © Fine Art Images / Heritage Images / Alamy Stock Photo.

S. 164 Ernst Ludwig Kirchner, *Artistin (Marzella)*, 1910. Öl auf Leinwand, Brücke-Museum, Gemeinfreies Werk / CC-BY-SA 4.0.

S. 171 Edvard Munch, *Madonna*, 1894/95. Nasjonalmuseet / Høstland, Børre.

S. 191 Egon Schiele, *Auf dem Rücken liegende Frau*, 1914. akg-images / Liszt Collection.

S. 201 Amedeo Modigliani, *Jeanne Hébuterne au grand chapeau*, 1918. Gainew Gallery / Alamy Stock Photo.

S. 211 Ferdinand Hodler, *Valentine Godé-Darel im Krankenbett*, 1914. akg-images.

S. 218 Alice Neel, *Alice Childress*, 1950. Öl auf Leinwand, Collection of Art Berliner, © The Estate of Alice Neel, Courtesy The Estate of Alice Neel and David Zwirner.

Zitate

S. 90 Lord Byron, »Darkness«, 1816. Aus: *Lord Byrons sämtliche Werke in drei Bänden*, frei übersetzt von Adolf Seubert. Reclam Leipzig, 1874.

S. 172/175/179/186 f./189 Dagny Juel, »An einem fernen und sonnenbeschienen Ort«. Aus: *Flügel in Flammen, Gesammelte Werke*, übersetzt von Lars Brandt. Weidle Verlag, Bonn 2019.

S. 188 Dagny Juel, »Für Zenon«. Aus *Flügel in Flammen, Gesammelte Werke*, übersetzt von Lars Brandt. Weidle Verlag, Bonn 2019.

Martina Clavadetscher im Unionsverlag

Die Erfindung des Ungehorsams
Hitze, Regen, beißender Gestank. Iris tigert in Manhattan durch ihr Penthouse und wartet voller Ungeduld auf die nächste Dinnerparty, die ihr wieder ein wenig Leben einhaucht. Ling, angestellt in einer Sexpuppenfabrik im Südosten Chinas, kontrolliert künstliche Frauenkörper auf Herstellungsfehler, bevor sie sich abends bei Filmklassikern in ihre Einsamkeit zurückzieht. Und im alten, düsteren Europa folgt Ada ihren mathematischen Obsessionen, träumt von Berechnungen und neuartigen Maschinen, das Ungeheuerliche stets im Kopf. Drei Frauen in drei Welten: Sie alle sind auf der Suche nach einer Antwort – nach dem Kern der Dinge. Und sie alle sind, ohne es zu ahnen, miteinander verbunden.

»Martina Clavadetscher hat einen Roman über künstliche Intelligenz geschrieben, wie es ihn noch nicht gab: formal avanciert und hochgradig sinnlich. Keine Dystopie mit raunender Technologiekritik, sondern ein waghalsiger Text, der den künstlichen Wesen Leben einhaucht. Eine Hymne an das Erzählen als emanzipatorische und urmenschliche Kraft.« *Jury des Schweizer Buchpreises*

»Martina Clavadetscher zählt zu den originellsten und wagemutigsten Stimmen ihrer Generation.« *NZZ am Sonntag*

Mehr über Autorin und Werk auf *www.unionsverlag.com*

Aphra Behn im Unionsverlag

Oroonoko
Mit dem Essay von Vita Sackville-West
»Aphra, die Einzigartige«

Aphra, »die Einzigartige«, wie Vita Sackville-West sie nennt, war die erste Berufsschriftstellerin Englands, und während ihrer kurzen Karriere – von der englischen Restauration 1660 bis zur sogenannten Glorious Revolution 1688/9 – schrieb sie über alles, was ihre Zeit bewegte: Sklaverei, Politik, Geld sowie sexuelle und kulturelle Gegensätze. Ihre burlesken und erotischen Texte spalteten die Gesellschaft jedoch: Den – naturgemäß männlichen – Kritikern war Behns freigeistige Gesinnung ebenso ein Dorn im Auge wie ihr ungestümer Lebenswandel und ihre spitze Feder.

Mit *Oroonoko,* der tragischen Liebesgeschichte zwischen einem Prinzen und seiner Braut, die in die Sklaverei nach Südamerika verschleppt werden, schuf Behn ihr Hauptwerk und löste, durch die ebenso leidenschaftliche wie differenzierte Darstellung kolonialer Grausamkeit, Debatten aus, die sich über Jahrhunderte hinziehen sollten. Diese Ausgabe ermöglicht nun durch zusätzliche, erstmals ins Deutsche übersetzte Texte Einblicke in die dramatische Wirkungsgeschichte.

»Alle Frauen sollten Blumen auf das Grab von Aphra Behn streuen, denn sie erstritt ihnen das Recht, ihre Gedanken auszusprechen.« *Virginia Woolf*

»Oroonoko kann mit gutem Recht den Anspruch erheben, der erste moderne, realistisch erzählte Roman überhaupt zu sein. Diese Ehre schreibt man gemeinhin Daniel Defoe zu. Doch sein Robinson Crusoe erscheint erst dreißig Jahre nach Aphra Behns Oroonoko.« *SWR*

Mehr über Autorin und Werk auf *www.unionsverlag.com*

Frances Cha im Unionsverlag

Hätte ich dein Gesicht
Schöner, reicher, mächtiger – nur wer perfekt ist, steigt auf im schillernden Seoul. Vier junge Frauen versuchen, in den gnadenlosen Hierarchien hinter Gangnams Hochglanzfassaden zu bestehen. Kyuri, mit ihrem makellosen Gesicht, unterhält Nacht für Nacht mächtige Geschäftsmänner in exklusiven Room-Salons. Miho, aufstrebende Künstlerin, findet sich unfreiwillig in der superreichen Elite wieder. Ara, stumm seit ihrer Jugend, flieht in den Schein der glitzernden K-Pop-Welt. Und Wonna, frisch verheiratet, sucht verzweifelt nach einem Ausweg aus ihrem vorgeformten Leben.
In bonbonfarbenen Schönheitskliniken und an den Marmortischen der High Society offenbaren sich die Abgründe einer Gesellschaft, in der Fehler nicht geduldet werden und Erfolg nur ein einziges Gesicht trägt.

»Schonungslos erzählt Cha vom Leben unter Seouls Neonglanz und von flüchtigen Momenten wahrer Freundschaft und Solidarität. Ein fesselndes, eiskaltes Exposé über das unaufhörliche Streben nach Selbstverwirklichung in Anbetracht ernüchternder Chancenlosigkeit.« *The Guardian*

»Gezielt erfasst Cha einige der dunkelsten Aspekte der genderspezifischen Ungleichheiten unserer Zeit. Ein grandioser Roman.« *Booklist*

Mehr über Autorin und Werk auf *www.unionsverlag.com*

Kunst im Unionsverlag

Camilo Sánchez *Die Witwe der Brüder van Gogh*
Paris im Jahr 1890: Johanna van Gogh Bonger ist mit Vincent van Goghs jüngerem Bruder Theo verheiratet. Als der Maler sich das Leben nimmt, stirbt kurz darauf auch Theo, erfüllt von tiefer Trauer. Johannas Leben verändert sich von Grund auf, als sie van Goghs Kunst zum Erfolg verhilft.

Julia Blackburn *Goyas Geister*
Der Hofmaler des spanischen Königs ist lange fort gewesen. Er hat Angst vor den ersten Worten seiner Frau, denn er wird sie nicht hören können. Eine Krankheit hat ihn vollständig taub gemacht. Im Alter von siebenundvierzig Jahren verlor Francisco José de Goya das Gehör – Julia Blackburn erzählt die stumme Lebenswelt des großen spanischen Malers.

Patrick Deville *Viva*
Leo Trotzki, Revolutionär auf der Flucht, steigt in Mexiko von Bord eines Tankers. In Frida Kahlos Garten brütet er über der Entgleisung der Russischen Revolution. Währenddessen schreibt Malcolm Lowry zum Rhythmus des mexikanischen Regens sein Meisterwerk *Unter dem Vulkan*. Patrick Deville verwebt ihre Geschichten zu einem virtuosen Mosaik.

John Berger *Vom Wunder des Sehens*
John Berger erlebte, was jedem von uns geschehen kann: Er musste an beiden Augen den grauen Star operieren lassen. In seinen Aufzeichnungen beobachtet er sich vor, während und nach der Heilung – und entdeckt dabei das Glück des Sehens und die Wunder unserer Welt aufs Neue.

Mehr über alle Autorinnen und Autoren auf
www.unionsverlag.com

Kunst im Unionsverlag

DMITRI MERESCHKOWSKI *Leonardo da Vinci*
Maler, Ingenieur, Forscher, Philosoph – Leonardo da Vincis Werk und Wirken strahlt in seiner visionären Kraft und ästhetischen Vollendung bis in unsere Zeit hinein. Der berühmte russische Symbolist Dmitri Mereschkowski hat aus den Quellen der Epoche den bis heute nicht übertroffenen Lebensroman Leonardos geschrieben.

LEONARDO PADURA *Ketzer*
London, 2007: Sensation auf dem Kunstmarkt. Ein bislang unbekanntes Christusporträt von Rembrandt taucht bei einer Auktion auf. Wer ist der Eigentümer? Mario Conde macht sich auf die Suche nach den Geheimnissen des Christusbildes. Der Fall führt ihn durch die Jahrhunderte. Die Spur zieht sich um die halbe Welt.

HANNELORE CAYRE *Das Meisterstück*
Christophe Leibowitz ist frisch aus dem Gefängnis entlassen und versucht, als Advokat der kleinen Gangster und Ganoven wieder Fuß zu fassen. Doch dann findet er sich unversehens mitten in einer Raubkunst-Affäre, die bis in die besten Kreise und die dunkle Vergangenheit Frankreichs reicht.

LEONARDO DA VINCI *Der Esel auf dem Eis*
Die Fabeln des Leonardo da Vinci kommen einfach daher, sind aber kunstvoll und überraschend. Hier sprechen die Tiere, die Pflanzen zu uns. Die ganze Natur meldet sich zu Wort: Der Stein, der Nusskern, das Feuer, das Wasser. Sie erzählen vom Unscheinbaren, das durch Klugheit obsiegt. Leonardos Fabeln lassen uns lächeln und machen am Ende klüger.

Mehr über alle Autorinnen und Autoren auf
www.unionsverlag.com